Heinrich Ant
Erschaffe mir, Gott, ein reines Herz

D1629386

Heinrich Ant

Erschaffe mir, Gott, ein reines Herz

Die Botschaft von Fatima

paulinus

Bibliografische Information der Deutschen Nationalbibliothek
Die Deutsche Nationalbibliothek verzeichnet diese Publikation
in der Deutschen Nationalbibliografie; detaillierte bibliografische
Daten sind im Internet unter http://dnb.d-nb.de abrufbar.

1. Auflage 2011
Alle Rechte vorbehalten
© Paulinus Verlag GmbH
Einbandabbildung: © Santuário de Fátima, www.fatima.pt
Gestaltung & Typografie: K. Drechsler & A. Lehmann, Leipzig
Satz, Druck & Herstellung: Paulinus Verlag GmbH, Trier

ISBN 978-3-7902-2190-9

Bestellungen über:
die KSM – Katholische Schriftenmission, Leutesdorf
oder
Paulinus Verlag GmbH
Maximineracht 11 c | 54295 Trier
Telefon 06 51/46 08-121 | Telefax 06 51/46 08-220
E-Mail: buchversand@paulinus.de
www.paulinus.de

Inhalt

Vorwort

»Hochwürdigster Herr Bischof! Nachdem ich den Schutz der Heiligsten Herzen Jesu und Mariä, unserer Mutter, erfleht und vor dem Tabernakel um Licht und Gnade gebetet habe, um nichts zu schreiben, was nicht einzig und allein zum Ruhme Jesu und der Heiligsten Jungfrau gereicht, beginne ich diese Arbeit [...].«[1] Diese Worte schrieb Schwester Lucia am Anfang ihrer Niederschrift der Ereignisse in Fatima. 1935 gab der Bischof der Diözese Leiria, Monseigneur José Alves Correia da Silva, ihr dazu den Auftrag.

Auch ich möchte mich unter den Schutz der Heiligsten Herzen Jesu und Mariens stellen, wenn ich nun den Versuch wage, meine eigenen Erfahrungen mit Fatima und meine Interpretationen niederzuschreiben.

Als ich 1992 Pastor im Marienwallfahrtsort Barweiler in der Eifel im Bistum Trier wurde, übernahm ich auch die Leitung eines Fatimaabends, der bis heute am 13. eines jeden Monats in der Wallfahrtskirche gehalten wird. Anfangs habe ich mich mit Fatima etwas schwer getan. Ich sagte mir allerdings: »Fatima ist von der Kirche anerkannt, du musst deine eigenen Gefühle zurückstellen und diese Aufgabe übernehmen. Einen inneren Zugang zu Fatima bekam ich erst durch das Buch *Schwester Lucia spricht über Fatima*. Die schlichte

---

[1] Schwester Lucia spricht über Fatima. Erinnerungen der Schwester Lucia I, Fatima, 9. Auflage, 2007, S. 34.

Weise, mit der Schwester Lucia die Ereignisse von Fatima schildert, sprach wirklich zu meinem Herzen.

Sie erinnerte mich an den Satz aus der Heiligen Schrift: »Ich preise dich, Vater, Herr des Himmels und der Erde, weil du all das den Weisen und Klugen verborgen, den Unmündigen aber offenbart hast« (Mt 11,25). Man muss mit der Einfalt der Hirtenkinder die Botschaft aufnehmen und zu sich selber sprechen lassen. Vor allen Dingen wurde mir klar, dass diese Botschaft zuerst einmal für mich selber, für mein Leben und Arbeiten als Priester bestimmt war.

Den »Theologenstolz«, der alles mit dem Verstand erfassen will, habe ich als erstes abgelegt. Für die Arbeit eines Priesters ist die Theologie wichtig, und ich bemühe mich neben meiner Arbeit bis heute um das Studium. Aber die Schultheologie alleine genügt nicht. Papst Benedikt sagte: »Die Theologie der Heiligen muss hinzukommen, die Theologie aus Erfahrung ist. Alle wirklichen theologischen Erkenntnisfortschritte haben ihren Ursprung im Auge der Liebe und in seiner Sehkraft.«[2]

Im Jahre 2005 begleitete ich zum ersten Mal eine Pilgergruppe nach Fatima. Hier konnte ich an dem Ort beten, an dem die Gottesmutter erschienen war, und die Heilige Messe feiern.

Nun war das Eis bei mir endgültig gebrochen. Ich erkannte sehr klar, dass die Botschaft von Fatima

---

[2] Kardinal Josef Ratzinger: Schauen auf den Durchbohrten. Einsiedeln 1984, S. 25.

auch für mich bestimmt war und dass ich ihr als Priester dienen musste.

Heute bin ich geistlicher Leiter des Fatima Weltapostolates im Bistum Trier. In den letzten Jahren pilgerte ich immer wieder mit Gläubigen nach Fatima. Fatima hat in meinem Leben und Arbeiten als Priester seinen festen Platz bekommen.

Dieses Büchlein ist die Frucht einer 18-jährigen Beschäftigung mit der Botschaft von Fatima. Ich möchte die wichtigsten Aussagen dieser Botschaft von der Heiligen Schrift und der Tradition der Kirche her auslegen, um sie möglichst vielen Menschen nahe zu bringen, besonders denen, die sich mit ihr schwer tun.

Es gibt im deutschsprachigen Raum viele geschichtliche Darstellungen der Erscheinungen von Fatima. Ich beschränke mich zu Beginn dieses Büchleins auf einen kurzen geschichtlichen Überblick und die wichtigsten Aussagen der Botschaft. Wer sich in vertiefender Weise mit ihr beschäftigen möchte, dem empfehle ich die folgenden Bücher:

• *Schwester Lucia spricht über Fatima.* Erinnerungen der Schwester Lucia I, Fatima, 9. Auflage, 2007.

• DeMarchi: *Fatima von Anfang an,* Fatima 1999.

Allen, die zum Entstehen dieses Buches beigetragen haben, sage ich: Herzlichen Dank!

Die Geschichte der Erscheinungen der Gottesmutter in Fatima

Die Botschaft von Fatima gehört zu den sogenannten Privatoffenbarungen. Der Katechismus der Katholischen Kirche (KKK) schreibt über deren Bedeutung: »Im Laufe der Jahrhunderte gab es sogenannte ›Privatoffenbarungen‹, von denen einige durch die kirchliche Autorität anerkannt wurden. Sie gehören jedoch nicht zum Glaubensgut. Sie sind nicht dazu da, die endgültige Offenbarung Christi zu ›vervollkommnen‹ oder zu ›vervollständigen‹, sondern sollen helfen, in einem bestimmten Zeitalter tiefer aus ihr zu leben.«[3] Für eine Deutung der Botschaft von Fatima ist es darum wichtig, zunächst den geschichtlichen Kontext zu betrachten. 1910 wurde durch einen Militärputsch in Lissabon die Republik ausgerufen. Die neue Regierung war geprägt vom Gedankengut der französischen Revolution. Sie beschloss eine strenge Trennung zwischen Kirche und Staat. Doch dabei allein blieb es nicht. Die Regierung brach die Beziehungen zum Vatikan ab, kirchliche Schulen wurden geschlossen, Ordensleute aus dem Lande vertrieben und die Kirche in ihrer äußeren Entfaltung stark eingeschränkt. Zudem begann 1914 in Europa der Erste Weltkrieg. Portugiesische Soldaten kämpften seit 1916 auf der Seite der Alliierten, und 1917 rief Lenin in Russland die

---

[3] Katechismus der katholischen Kirche (KKK), Oldenburg 2005, Nr. 67.

kommunistische Weltrevolution aus. Er verkündete »Auf Russland spucke ich, diese Revolution ist
eine Übergangsphase zur Errichtung der Weltrevolution zur Herrschaft über die Erde. Von nun an
werden wir erbarmungslos mit allen sein; wir werden alles zerstören und auf diesen Ruinen unseren
Tempel errichten.«[4] In diesem Kampf bezeichnete
Lenin Gott als seinen persönlichen Feind.

Die einfachen Bauern in dem kleinen Weiler
Aljustrel, der zur Gemeinde Fatima (Portugal) gehörte, wurden kaum von diesen weltpolitischen
Umstürzen berührt. Das Leben in diesem Dörfchen war einfach. Die Menschen ernährten sich
von der Landwirtschaft, und der Glaube und die
Kirche prägten ihr Leben. In diesem kleinen
Weiler kamen die drei Seherkinder zur Welt. Lucia
wurde am 22. März 1907 geboren. Sie war das jüng-
ste von sieben Kindern der Eheleute Antonio dos
Santos und Maria Rosa. Die Mutter von Lucia war
als Katechistin tätig, da sie zu den wenigen Menschen im Dorf zählte, die lesen konnte. Francisco
wurde am 11. Juni 1908 geboren und Jacinta am 11.
März 1910. Ihre Mutter Olympia hatte nach dem
Tod ihres ersten Ehemannes, von dem sie zwei
Kinder hatte, Manuel Petro Marto geheiratet. Aus
dieser Ehe gingen sieben Kinder hervor, von denen
Francisco und Jacinta die beiden jüngsten waren.
Olympia war eine Schwester von Lucias Vater. Als
die Kinder größer wurden, mussten sie wie alle

---

[4] Zitiert nach einem Vortrag von StD. Wilhelm Hoverath, Bonn, stell-
vertretender Nationalleiter des Fatima Weltapostolates in Deutsch-
land: Die Botschaft von Fatima: ein Imperativ für unsere Zeit.

Kinder in Aljustrel die Schafe hüten. Francisco und Jacinta liebten ihre Cousine Lucia sehr und baten ihre Eltern, gemeinsam mit ihr die Schafe hüten zu dürfen. Im Frühjahr 1916 trieben sie ihre Herde an einen Hügel, der Lapa do Cabeço genannt wurde. Hier hatten sie die erste Erscheinung des Engels von Fatima. Lucia beschreibt diese wie folgt:

Ich erzählte schon in dem Schreiben über Jacinta, wie wir auf der Suche nach einem geschützten Platz den Abhang erkletterten. Wie wir dort das Mittagessen verzehrten, beteten und danach in einiger Entfernung über den Bäumen gegen Osten ein Licht erblickten, weißer als Schnee, in der Form eines durchsichtigen Jünglings, strahlender als ein Kristall im Sonnenlicht. Je näher er kam, um so besser konnten wir seine Gesichtszüge erkennen. Wir waren sehr überrascht und ganz hingerissen. Wir sagten kein Wort. Als er bei uns angelangte, sagte er:

»Habt keine Angst, ich bin der Engel des Friedens! Betet mit mir [...]: Mein Gott, ich glaube an Dich, ich bete Dich an, ich hoffe auf Dich und ich liebe Dich. Ich bitte Dich um Verzeihung für jene, die an Dich nicht glauben, Dich nicht anbeten, auf Dich nicht hoffen und Dich nicht lieben. [...]So sollt ihr beten! Die Herzen Jesu und Mariens erwarten eure flehentlichen Bitten. [...]« [5]

Die zweite Erscheinung des Engels war im Hochsommer 1916. Die Kinder spielten in der Mittagszeit im Schatten der Bäume am Brunnen bei Lucias Elternhaus. Schwester Lucia schreibt:

---

[5] Schwester Lucia spricht über Fatima, S. 181f.

Plötzlich sahen wir denselben Engel vor uns: »*Was tut ihr? Betet! Betet viel! Die Herzen Jesu und Mariä haben mit euch Pläne der Barmherzigkeit vor. Bringt dem Allerhöchsten unaufhörlich Gebete und Opfer dar. [...] Macht aus allem, was ihr könnt, ein Opfer zur Sühne für die Sünden, durch die Er beleidigt wird und als Bitte um die Bekehrung der Sünder. So werdet ihr den Frieden auf euer Vaterland herabziehen. Ich bin sein Schutzengel, der Engel Portugals. Vor allem nehmt die Leiden, die euch der Herr schicken wird, in Ergebung an und tragt sie geduldig.*«[6]

Die dritte Erscheinung des Engels muss nach Schwester Lucias Angaben ebenfalls am Lapa do Cabeço gewesen sein. Sie schreibt:

Dort beteten wir zuerst den Rosenkranz und das Gebet, das uns der Engel bei seiner ersten Erscheinung gelehrt hatte. Während wir dort weilten, erschien der Engel zum drittenmal. Er hielt einen Kelch in der Hand, darüber eine Hostie, aus der Blutstropfen in den Kelch fielen. Er ließ den Kelch und die Hostie in der Luft schweben, kniete sich auf die Erde nieder und wiederholte dreimal das Gebet:

»*Heiligste Dreifaltigkeit, Vater, Sohn und Heiliger Geist, in tiefer Ehrfurcht bete ich Dich an, und opfere Dir auf den kostbaren Leib und das Blut, die Seele und die Gottheit Jesu Christi, gegenwärtig in allen Tabernakeln der Erde zur Wiedergutmachung für alle Schmähungen, Sakrilegien und Gleichgültigkeiten, durch die Er selbst beleidigt wird. Durch die unend-*

---

[6] Schwester Lucia spricht über Fatima, S. 182f.

lichen Verdienste Seines Heiligsten Herzens und des Unbefleckten Herzens Mariens bitte ich Dich um die Bekehrung der armen Sünder.«

Dann erhob er sich und ergriff wieder Kelch und Hostie. Die Hostie reichte er mir, den Inhalt des Kelches gab er Jacinta und Francisco zu trinken mit den Worten: »Empfangt den Leib und trinkt das Blut Jesu Christi, der durch die undankbaren Menschen so furchtbar beleidigt wird. Sühnt ihre Sünden, tröstet euren Gott.«[7]

Die Erscheinungen der Gottesmutter

Am 13. Mai 1917 trieben die Kinder ihre Schafe zu einer Talmulde, die Cova da Iria genannt wurde. Hier hatten sie die erste Erscheinung der Gottesmutter über einer kleinen Steineiche. Sie sagte zu den Kindern:

Habt keine Angst! Ich tue euch nichts Böses! [...] Ich bin vom Himmel. [...] Ich bin gekommen, euch zu bitten, daß ihr in den folgenden sechs Monaten, jeweils am Dreizehnten zur selben Stunde, hierherkommt. Dann werde ich euch sagen, wer ich bin und was ich will. Ich werde danach noch ein siebtes Mal hierher zurückkehren.[8]

Im weiteren Verlauf dieser Erscheinung bat die Gottesmutter die Kinder:

Wollt ihr euch Gott anbieten, um alle Leiden zu ertragen, die Er euch schicken wird, zur Sühne für alle Sün-

---

[7] Schwester Lucia spricht über Fatima, S. 183f.
[8] Schwester Lucia spricht über Fatima, S. 186.

den, durch die Er beleidigt wird und als Bitte um die
Bekehrung der Sünder? [...] Ihr werdet also viel leiden
müssen, aber die Gnade Gottes wird eure Stärke sein!
[...] Betet täglich den Rosenkranz, um den Frieden der
Welt und um das Ende des Krieges zu erlangen![9]

Am 13. Juni 1917 wurde in Fatima das Fest des Kir-
chenpatrons, des Heiligen Antonius, gefeiert. Trotz
des Festes ließen sich die Kinder nicht abhalten, zur
Cova da Iria zu gehen. Um die Mittagszeit erschien
ihnen die Gottesmutter. Schwester Lucia beschreibt
diese zweite Erscheinung folgendermaßen:
Nachdem ich mit Jacinta und Francisco und noch eini-
gen Anwesenden den Rosenkranz gebetet hatte, sahen
wir von neuem den Lichtschein, der sich näherte (den
wir Blitz nannten), und dann Unsere Liebe Frau über
der Steineiche, genau wie im Mai. [...]
Sie sagte:
»Ich möchte, daß ihr alle Tage den Rosenkranz betet
und lesen lernt. Später sage ich euch, was ich möchte.«
Schwester Lucia bat die Gottesmutter, sie doch mit
in den Himmel zu nehmen. Darauf antwortete
diese:
»Ja! Jacinta und Francisco werde ich bald holen. Du
aber bleibst noch einige Zeit hier. Jesus möchte sich dei-
ner bedienen, damit die Menschen mich erkennen und
lieben. Er möchte auf Erden die Verehrung meines
Unbefleckten Herzens begründen. Wer sie annimmt,
dem verspreche ich das Heil, und diese Seelen werden
von Gott geliebt wie Blumen, die von mir hingestellt
sind, um Seinen Thron zu schmücken.«

---

[9]   Schwester Lucia spricht über Fatima, S. 186f.

Schwester Lucia fragte daraufhin, ob sie alleine verbleiben müßte. Die Gottesmutter antwortete: *»Nein, mein Kind! Leidest du sehr? Laß dich nicht entmutigen. Niemals werde ich dich verlassen, mein Unbeflecktes Herz wird deine Zuflucht sein und der Weg, der dich zu Gott führen wird.«*
In dem Augenblick, als sie diese letzten Worte sagte, öffnete sie die Hände und übermittelte uns zum zweiten Male den Widerschein dieses unermeßlichen Lichtes. Darin sahen wir uns wie in Gott versenkt. Jacinta und Francisco schienen in dem Teil des Lichtes zu stehen, der sich zum Himmel erhob, und ich in dem Teil, der sich über die Erde ergoß. Vor der rechten Handfläche Unserer Lieben Frau befand sich ein Herz, umgeben von Dornen, die es zu durchbohren schienen. Wir verstanden, daß dies das Unbefleckte Herz Mariä war, verletzt durch die Sünden der Menschheit, das Sühne wünscht.[10]

Am 13. Juli 1917 offenbarte die Gottesmutter den drei Seherkindern das große Geheimnis von Fatima. Sie sagte zu den Kindern:
»Ich möchte, daß ihr am Dreizehnten des kommenden Monats wieder hierherkommt, daß ihr weiterhin jeden Tag den Rosenkranz zu Ehren Unserer Lieben Frau vom Rosenkranz betet, um den Frieden für die Welt und das Ende des Krieges zu erlangen, denn nur sie allein kann es erreichen. [...] Kommt weiterhin jeden Monat hierher! Im Oktober werde ich euch sagen, wer ich bin und was ich wünsche, und werde ein Wunder tun, damit alle glauben. [...] Opfert euch auf für die Sünder und

---

[10] Schwester Lucia spricht über Fatima, S. 188.

sagt oft, besonders wenn ihr ein Opfer bringt: O Jesus, das tue ich aus Liebe zu Dir, für die Bekehrung der Sünder und zur Sühne für die Sünden gegen das Unbefleckte Herz Mariens.«

Bei diesen letzten Worten öffnete sie aufs neue die Hände wie in den zwei vorhergegangenen Monaten. Der Strahl schien die Erde zu durchdringen, und wir sahen gleichsam ein Feuermeer und eingetaucht in dieses Feuer die Teufel und die Seelen, als ob sie durchscheinend, schwarz und bronzefarbig glühende Kohlen in menschlicher Gestalt waren, die in diesem Feuer schwammen, emporgeschleudert von den Flammen, die mit Rauchwolken aus ihnen selbst hervorschlugen. Sie fielen nach allen Seiten wie Funken bei gewaltigen Bränden, ohne Schwere und Gleichgewicht, unter Schreien und Heulen vor Schmerz und Verzweiflung, was uns erbeben und erstarren ließ. [...] Die Teufel unterschieden sich durch die schreckliche und scheußliche Gestalt widerlicher, unbekannter Tiere. Sie waren aber durchscheinend wie schwarze, glühende Kohle. Erschrocken und wie um Hilfe bittend erhoben wir den Blick zu Unserer Lieben Frau, die voll Güte und Traurigkeit zu uns sprach: »Ihr habt die Hölle gesehen, wohin die Seelen der armen Sünder kommen. Um sie zu retten, will Gott die Andacht zu meinem Unbefleckten Herzen in der Welt begründen. Wenn man das tut, was ich euch sage, werden viele Seelen gerettet werden, und es wird Friede sein. Der Krieg geht seinem Ende entgegen. Wenn man aber nicht aufhört, Gott zu beleidigen, wird unter dem Pontifikat von Pius XI. ein anderer, schlimmerer Krieg beginnen. Wenn ihr eine Nacht erhellt seht durch ein unbekanntes Licht, dann wißt, daß dies das große Zeichen ist, das Gott euch gibt, dass *er nun die Welt für ihre Missetaten mit Krieg, Hungersnot, Verfolgung der Kirche und des Heiligen Vaters strafen wird.*

Um das zu verhüten, werde ich kommen und um die Weihe Rußlands an mein Unbeflecktes Herz und die Sühnekommunion an den ersten Samstagen bitten. Wenn man auf meine Wünsche hört, wird Rußland sich bekehren, und es wird Friede sein; wenn nicht, dann wird es seine Irrlehren über die Welt verbreiten, wird Kriege und Verfolgungen der Kirche heraufbeschwören, die Guten werden gemartert werden und der Heilige Vater wird viel zu leiden haben. Verschiedene Nationen werden vernichtet werden. Am Ende aber wird mein Unbeflecktes Herz triumphieren. Der Heilige Vater wird mir Rußland weihen, das sich bekehren wird, und eine Zeit des Friedens wird der Welt geschenkt werden. In Portugal wird sich immer das Dogma des Glaubens erhalten usw. Davon sagt niemandem etwas; Francisco könnt ihr es mitteilen. Wenn ihr den Rosenkranz betet, dann sagt nach jedem Gesetz: O mein Jesus, verzeih uns unsere Sünden, bewahre uns vor dem Feuer der Hölle, führe alle Seelen in den Himmel, besonders jene, die Deiner Barmherzigkeit am meisten bedürfen.«[11]

Im Weiteren offenbarte die Gottesmutter den Kindern einen dritten Teil des Geheimnisses von Fatima, der erst im Heiligen Jahr 2000 veröffentlicht wurde.

Einer der größten Gegner der Erscheinungen unserer lieben Frau in Fatima war Artur Santos, Administrator der Provinz Vila Nova de Ourém, zu der

---

[11] Schwester Lucia spricht über Fatima, S. 189f.

Fatima gehörte. Als Freimaurer hatte er einen großen Hass gegen die Kirche, und versuchte mit allen
Mitteln, die Erscheinungen in Fatima zu bekämp-
fen. Am 13. August 1917 begab er sich nach Fatima,
um die Kinder zu verhören. Unter dem Vorwand,
sie zur Cova da Iria zu fahren, um selber bei der Erscheinung dabei zu sein, lockte er die Kinder in seinen Wagen und brachte sie in sein Hauptquartier
nach Vila Nova de Ourém. Mit der Drohung, sie in
heißem Öl zu braten, versuchte er ihnen mit aller
Gewalt das Geheimnis zu entlocken. Sie wurden
mit anderen Gefangenen ins Gefängnis gesperrt.
Aber die Kinder ließen sich nicht einschüchtern
und behielten ihr Geheimnis für sich. Als der
Administrator merkte, dass er bei den Kindern
nichts erreichen konnte, brachte er sie am 15.
August nach Fatima zurück. Da die Kinder am 13.
August nicht in Fatima waren, erschien ihnen die
Gottesmutter am 19. August an einem Ort, der
Valinhos hieß. Sie sagte zu den Kindern:
*»Ich will, daß ihr am Dreizehnten zur Cova da Iria
kommt und daß ihr weiterhin täglich den Rosenkranz
betet. Im letzten Monat werde ich ein Wunder wirken,
damit alle glauben.«*
Lucia fragte, was sie mit dem Geld machen sollte,
das die Leute der Cova da Iria ihr überließen. Die
Gottesmutter antwortete:
*»Man soll zwei Traggestelle anfertigen lassen. Du wirst
mit Jacinta und zwei weißgekleideten Mädchen das
eine tragen, Francisco mit drei Jungen das andere. Das
Geld auf den Gestellen ist für das Fest unserer Lieben
Frau vom Rosenkranz bestimmt, der Rest für die
Kapelle, die man errichten wird. [...]Betet, betet viel und*

bringt Opfer für die Sünder, denn viele Seelen kommen
in die Hölle, weil sich niemand für sie opfert und für sie
betet.« [12]

Trotz aller Anfeindungen der Erscheinungen in
Fatima durch die offiziellen Behörden gab es doch
viele Menschen, die an die Echtheit der Erscheinungen glaubten und nach Fatima pilgerten. Am
13. September wurde ihre Zahl auf über 35.000
geschätzt. Schwester Lucia berichtet, dass sie sich
durch eine große Menschenmenge zum Erscheinungsort drängen mussten. Während dieser Erscheinung sagte die Gottesmutter zu ihnen:
»Betet weiterhin den Rosenkranz, um das Ende des
Krieges zu erlangen. Im Oktober wird auch Unser Herr
kommen, Unsere Liebe Frau von den Schmerzen und
vom Karmel, der Heilige Josef mit dem Jesuskind, um
die Welt zu segnen. Gott ist mit euren Opfern zufrie-
den, aber Er will nicht, daß ihr mit dem Strick schlaft.
Tragt ihn nur tagsüber.« [13]

Am 13. Oktober regnete es in Strömen. Schwester
Lucias Mutter, die bis zuletzt große Zweifel an der
Echtheit der Erscheinungen hatte, fürchtete, dass
die Kinder von der Volksmenge umgebracht würden, wenn das vorhergesagte Wunder nicht gesche-
he. Aus diesem Grund begleitete sie die Kinder zur
Cova da Iria. Die Zahl der Pilger, die nach Fatima

---

[12] Schwester Lucia spricht über Fatima, S. 191f.
[13] Schwester Lucia spricht über Fatima, S. 191f.

gekommen waren, um das Wunder zu sehen, wurde auf 70.000 geschätzt. Schwester Lucia schreibt, dass nicht einmal die verschlammten Wege die Leute aufhalten konnten, zum Erscheinungsort zu kommen und sich betend niederzuknien. Die Gottesmutter erschien, wie immer über der kleinen Steineiche, und sagte zu Lucia:

»Ich möchte dir sagen, daß hier eine Kapelle zu meiner Ehre gebaut werden soll. Ich bin Unsere Liebe Frau vom Rosenkranz. Man soll weiterhin täglich den Rosenkranz beten. Der Krieg geht zu Ende, und die Soldaten werden in Kürze nach Hause zurückkehren.«

Die letzten Worte der Gottesmutter, die sie den Kindern traurig sagte, waren:

Man soll Gott unseren Herrn nicht mehr beleidigen, der schon so sehr beleidigt worden ist.

Danach berichtete Schwester Lucia:

Sie [die Gottesmutter] öffnete die Hände und ließ sie im Sonnenschein erstrahlen. Während sie sich erhob, strahlte ihr eigenes Licht in der Sonne wider. Dies war der Grund, hochwürdigster Herr Bischof, weswegen ich rief, man solle auf die Sonne schauen. Es war nicht meine Absicht, die Aufmerksamkeit des Volkes dorthin zu lenken, denn ich war mir nicht einmal mehr seiner Gegenwart bewußt. Ich tat es nur aus einer inneren Bewegung heraus, die mich dazu antrieb.

Nachdem Unsere Liebe Frau in der unendlichen Ferne des Firmaments verschwunden war, sahen wir dann neben der Sonne den heiligen Josef mit dem Jesuskind und Unsere Liebe Frau in Weiß gekleidet mit einem blauen Mantel. Der heilige Josef mit dem Jesuskind schien die Welt mit einer Handbewegung in Kreuzesform zu segnen.

Kurz darauf verschwand diese Erscheinung. Dann sahen wir Unseren Herrn und Unsere Liebe Frau. Ich hatte den Eindruck, es sei Unsere Liebe Frau von den Schmerzen. Unser Herr schien die Welt in der gleichen Weise zu segnen wie der heilige Josef. Dieser Erscheinung verschwand, und ich meine wohl, daß ich auch noch Unsere Liebe Frau vom Karmel gesehen habe.[14]

Nach dem Gespräch der Gottesmutter mit den Kindern hörte der Regen auf und die Wolken rissen auseinander. Die Menschen sahen die Sonne als hellen Ball am Himmel stehen, in verschieden Farben funkelnd. Plötzlich begann sie am Himmel zu tanzen. Sie kreiste um sich selbst und schien auf die Menschen zuzurasen, die vor Angst aufschrieen. Dieses Sonnenwunder wurde von Menschen im Umkreis von 40 km noch gesehen. Die portugiesische Presse berichtete in den nächsten Tagen von dem Sonnenwunder, bei dem sich die Sonne außerhalb ihrer kosmischen Gesetze bewegt habe. Durch die Erscheinungen hatte sich das Leben der Kinder gewandelt. Sie versuchten die Botschaft der Gottesmutter in ihr Leben umzusetzen, weiterhin zu beten und Buße zu tun für die Sünder. Zudem hatte jedes von den Dreien aufgrund der Erscheinungen sein eigenes Apostolat erhalten.

1918 brach in Europa die spanische Grippe aus, und auch Jacinta und Francisco erkrankten an ihr. Francisco erlag dieser Krankheit am 4. April 1919. Jacinta wurde in ein Krankenhaus nach Lissabon

---

[14] Schwester Lucia spricht über Fatima, S. 194.

gebracht und verstarb dort am 20. Februar 1920.

Schwester Lucia war nun als einzige übrig geblieben. Ihre Aufgabe sollte es sein, den Menschen die Botschaft von Fatima mitzuteilen. 1918 wurde D. José Alves Correira da Silva zum Bischof der neu errichteten Diozöse von Leiria, zu der Fatima gehörte, ernannt. Er begann sofort mit einer ausführlichen Prüfung der Ereignisse in Fatima. Am Ende hielt er es für das Sinnvollste, wenn Lucia, die einzig noch lebende Seherin, Fatima verließ. Am 17. Juni 1921 wurde sie in das Kolleg der Dorotheen-Schwestern nach Porto gebracht. Niemand in diesem Kolleg wusste, wer sie war und woher sie kam. Schon vor ihrem Eintritt ins Kolleg verspürte sie in sich den inneren Ruf, ihr Leben Gott zu weihen und ins Kloster einzutreten. 1925 verwirklichte sie diesen Wunsch und begann die Vorbereitungszeit im Noviziat der Dorotheen im spanischen Tui. Hier wurde sie am 2. Oktober 1926 als Novizin eingekleidet. Am 3. Oktober 1934 legte sie in der Gemeinschaft der Dorotheen-Schwestern ihre ewigen Gelübde ab. Schon vor ihrem Eintritt bei den Dorotheen hatte sie in sich die Berufung zur Karmelitin verspürt und 1948 ging dieser Wunsch in Erfüllung, als sie mit Erlaubnis von Papst Pius XII. in den Karmel von Coimbra eintrat. Der Aufruf der Gottesmutter in Fatima zu Gebet und stellvertretenden Sühne wurde nun in diesem Kloster zu ihrer alleinigen Lebensaufgabe.

Sie konnte noch mehrmals nach Fatima, zurückkehren. Zum 50. Jahrestag der Erscheinungen, am 13. Mai 1967, besuchte Papst Paul VI. Fatima und auch Schwester Lucia durfte anwesend sein. Aber der Höhepunkt ihres Lebens war sicherlich der 13. Mai 2000, als die beiden Seherkinder Francisco und Jacinta seliggesprochen wurden, wobei der sie ebenfalls gegenwärtig sein durfte.

Im Auftrag des Bischofs begann sie 1935 mit der Niederschrift der Ereignisse von Fatima und dem Lebensbild von Jacinta und Francisco. Am 13. Februar 2005 verstarb Schwester Lucia im hohen Alter von 97 Jahren im Karmel in Coimbra.

Heute ruhen die Gebeine der drei Seherkinder in der großen Basilika in Fatima. Schwester Lucia und die selige Jacinta in einer Seitenkapelle auf der linken Seite neben dem Chorraum. Francisco in einer Kapelle auf der rechten Seite.

Für viele Fatimapilger gehört zu einer Wallfahrt nicht nur das Gebet in der Erscheinungskapelle, sondern auch das stille Verweilen an den Gräbern der Seherkinder.

Die Erscheinung am 13. Mai 1917

Habt kein Angst, ich komme vom Himmel

Beschäftigt man sich mit der Geschichte der Erscheinungen in Fatima, dann stellt man sich die Frage: Warum hat Gott für seine Botschaft drei kleine Hirtenkinder ausgewählt, die nicht lesen und schreiben konnten und als Ort eine so abgelegene und raue Gegend. Schwester Lucia beschreibt in ihrer Deutung der Erscheinungen von Fatima, die erst nach ihrem Tode veröffentlicht wurde, diesen Ort wie folgt:

Hätten die Menschen die Auswahl treffen müssen, wäre dieser Ort als erster verworfen worden. Welch raues Gebirge für so eine Botschaft! Welch steiniger Ort, der jeder natürlichen Anziehung beraubt ist, wo es keine Transportmittel gibt, wo kein Ziegel zu finden ist, der die Menschen vor der Sonnenhitze schützt, noch vor den Regengüssen des Winters, vor Kälte und Sturm, noch vor den Blitzschlägen, noch vor dem Morgentau und dem rauen und regnerischen Morgen. Für die Menschen wäre dies Wahnsinn gewesen. Niemand würde dorthin gehen! Ja Gott wählt aus, was Menschen verwerfen! Ihm gebührt die Macht, die Weisheit, die Gnade und die Stärke, die in den Seelen wirkt. Er führt sie und trägt sie dorthin, wohin er will. Er allein kann aus Steinen Abrahams Kinder erwecken.[15]

---

[15] Schwester Lucia: Wie sehe ich die Botschaft, Karmel Coimbra 2006, S. 13f.

Zwischen 1917 und der Niederschrift dieses Textes liegen 66 Jahre. Wir spüren, wie die Botschaft von Fatima Sr. Lucias Leben in all diesen Jahren geprägt hat. Wie sie die Wege Gottes mit uns Menschen immer tiefer versteht und sich selber als kleines Werkzeug in diese einordnen kann. Beim Lesen des Textes von Sr. Lucia werde ich an die Worte Gottes zum Volk Israel aus dem Buch Deuteronomium erinnert: »Dich hat der Herr, dein Gott, ausgewählt, damit du unter allen Völkern, die auf der Erde leben, das Volk wirst, das ihm persönlich gehört. Nicht weil ihr zahlreicher als die anderen Völker wäret, hat euch der Herr ins Herz geschlossen und ausgewählt; ihr seid das kleinste unter allen Völkern. Weil der Herr euch liebt und weil er auf den Schwur achtet, den er euren Vätern geleistet hat, deshalb hat der Herr euch mit starker Hand herausgeführt und euch aus dem Sklavenhaus freigekauft, aus der Hand des Pharao, des Königs von Ägypten« (Dt 7,6–8). Das Buch Deuteronomium ist zu einem Teil im Exil in Babylon entstanden. Die Babylonier hatten Jerusalem erobert und zerstört und einen großen Teil der Bevölkerung in die Verbannung nach Babylon geführt. Die Propheten hatten dem Volk vorhergesagt, dass dieses Strafgericht über sie kommen werde, weil sie den Gott Israels verlassen und fremden Göttern dienten und die Gebote Gottes nicht hielten. Im Exil stand das Volk Israel nun an einem Nullpunkt. Es war fern des verheißenen Landes. Jerusalem, die Stadt Davids und der Tempel, in dem Gott mitten in seinem Volke wohnte, waren zerstört. Wo war nun sein Gott? Wie tröstlich war hier die Erkenntnis, dass Gott sein Volk liebt und dass er es allein aus Liebe erwählt hat. Das Vertrauen in die Liebe Gottes, die Rückkehr zu ihm, gab dem Volk wieder Hoffnung. Es war nicht verloren. Im Vertrauen auf die Führung Gottes eröffnet sich dem Volk eine neue Zukunft.

In den harten Jahren des Ersten Weltkrieges hat Gott an einem abgelegenen Ort Europas drei Hirtenkinder erwählt, um durch sie den Menschen unserer Zeit einen Weg der Hoffnung zu zeigen. Einen augenfälligeren Gegensatz dürfte es wohl kaum geben, als zwischen den drei Kindern von Fatima und der herrschenden Mentalität vieler Menschen der Neuzeit. Durch die Erfolge in Wissenschaft und Technik bestärkt, glauben viele, dass man sich von Gott emanzipieren muss und ohne ihn die ideale Welt schaffen kann. Aber gerade in unserer Zeit stoßen die Menschen mit ihren kühnen Plänen an ungeheure Grenzen. In dieser Situation rät uns die Gottesmutter in Fatima zur Umkehr zu Gott und zum kindlichen Vertrauen in seine Führung. Im Matthäusevangelium sagt Jesus: »Wenn ihr nicht umkehrt und wie die Kinder werdet, könnt ihr nicht in das Himmelreich kommen« (Mt 18,3).

Diesen Geist echter Gotteskindschaft hat ein Jahrhundert vor der Erscheinung in Fatima die kleine Heilige Thérèse vom Kinde Jesu den Menschen vorgelebt. Mit 15 Jahren trat sie in den Karmel von Lisieux ein und ist dort mit 24 Jahren gestorben. Christian Feldmann hat in seinem Buch über Thérèse von Lisieux ihre Haltung wie folgt interpretiert: »Man muss auch zwischen den Zeilen lesen und die Nuancen in ihren fröhlichen Schilderungen wahrnehmen, um zu sehen, dass sie weniger eine neurotische Flucht ins Kindsein propagiert, sondern zu einer reifen, hart erarbeiteten Haltung einlädt: Wer Gott wie ein Kind begegnet, bringt keinen Leistungsnachweis mit, sondern Aufrichtigkeit und Vertrauen.«[16]

In diesem Sinne sind Lucia, Francisco und Jacinta nicht nur die Empfänger der Botschaft von Fatima, sondern sie sind selber ein Teil von ihr. Sie vermitteln uns die gleiche Grundhaltung wie die kleine Heilige Thérèse von Lisieux. Im Heiligen Jahr 2000 hat Papst Johannes Paul II. Jacinta und Francisco selig gesprochen. In seiner Predigt zur Seligsprechung betonte er, dass die Kinder eine radikale Wandlung durchgemacht haben.

Den Aufruf der Gottesmutter zur Bekehrung haben sie als erste in ihrem Leben verwirklicht mit den Möglichkeiten, die Kindern dazu gegeben sind. Die Botschaft von Fatima kann für das Leben eines Menschen nur dann fruchtbar sein, wenn er sie mit einfacher, kindlicher Haltung aufnimmt. Man darf nicht direkt die Ratio (Vernunft) einschalten und fragen, kann so etwas sein, ist nicht alles Einbildung, religiöser Wahn?

Der 13. Mai 1917, der erste Tag der Erscheinungen, war ein Tag wie jeder andere im Leben dieser kleinen Hirten. An diesem Tag trieben sie ihre Schafe zu einer kleinen Talmulde, die Cova da Iria hieß.

[16] Christian Feldmann: Thérèse von Lisieux. Die schwarze Nacht des Glaubens, Freiburg 1997, S. 122–123.

Schwester Lucia schildert die erste Erscheinung in ihren Erinnerungen:

Ich spielte mit Francisco und Jacinta auf dem Gipfel des Abhanges der Cova da Iria. Wir bauten eine kleine Mauer rund um ein Gebüsch, da sahen wir plötzlich etwas wie einen Blitz.

»Es ist besser, wenn wir nach Hause gehen – sagte ich zu meinen kleinen Verwandten – es blitzt und könnte ein Gewitter geben.«

»Also gut!«

Wir begannen den Abhang hinabzusteigen und trieben die Schafe in Richtung auf die Straße. Als wir ungefähr in der Mitte des Abhangs waren, fast neben einer großen Eiche, sahen wir wieder einen Blitz und nach einigen Schritten erblickten wir über einer Steineiche eine Dame, ganz in Weiß gekleidet, strahlender als die Sonne. Sie verbreitete ein noch helleres Licht als die hellsten Sonnenstrahlen, die durch ein mit Wasser gefülltes Kristallglas scheinen. Überrascht durch diese Erscheinung blieben wir stehen. Wir standen so nahe, daß wir innerhalb des Lichtes blieben, welches sie umgab, oder dass sie ausstrahlte. Der Abstand betrug etwa eineinhalb Meter. Dann sagte Unsere Liebe Frau:

»Habt keine Angst! Ich tue euch nichts Böses!«

»Woher kommen Sie?« – fragte ich sie.

»Ich bin vom Himmel!« [17]

Während meinen Pilgerfahrten nach Fatima predige ich, Pfarrer Heinrich Ant, in der ersten heiligen Messe im Heiligtum immer über diese beiden Sätze der

---

[17] Schwester Lucia spricht über Fatima, S. 185–186.

Gottesmutter: »Habt keine Angst!« und »Ich bin vom Himmel.« Diese Worte erinnern an die Verheißung der Geburt Jesu im Lukasevangelium:

»Da sagte der Engel zu ihr: Fürchte dich nicht, Maria; denn du hast bei Gott Gnade gefunden« (Lk 1, 30).

Seit Urzeiten war das Leben der Menschen geprägt von der Angst vor übernatürlichen Mächten, denen sie sich ausgeliefert fühlten. In vielfältigen Riten versuchten sie, diese zu beeinflussen und für sich gnädig zu stimmen. Die Gottes-Leugnung der Gegenwart ist im Grunde genommen nichts anderes als ein Versuch, sich von dem Ausgeliefertsein an das göttliche Wesen zu befreien. An die Stelle Gottes setzt man das Vertrauen in die Allmacht des Menschen. Eigenartiger Weise sind aber gerade in unserer Zeit krankhafte Angstzustände zu einer Volkskrankheit geworden. Millionen von Menschen leiden unter Ängsten und müssen sich in fachärztliche Behandlung begeben. Das Wort Angst hängt zusammen mit dem Wort Enge: Angst sperrt den Menschen in sich selber ein, lähmt ihn in seinem Lebensvollzug und kann ihm jede Kraft zum Leben nehmen.

Meine eigene Erfahrung mit dem Phänomen der Angst hat mit gezeigt, dass man nicht allein auf die Medizin vertrauen darf. Psychiatrische Behandlung vermag, vor allen Dingen durch Medikamente, die äußeren Symptome zu lindern, kann Zusammenhänge in der Lebensgeschichte aufzeigen, die zu dieser Krankheit geführt haben könnten, aber zu einer tieferen Überwindung der Ängste kann sie nur begrenzt beitragen. Ängste sind nicht nur Störungen in der Entwicklungsgeschichte eines Menschen, sondern sie haben ihre Ursache in einer Tiefe, die der Psychologie allein nicht zugänglich ist.

Eine Antwort auf die Ursache der Angst finde ich in der Heiligen Schrift, im Buch Genesis (Gen 1–3). Im Anfang hat der Mensch in Harmonie mit Gott, mit der ganzen Schöpfung gelebt. Das Buch Genesis zeigt uns dies durch das Bild des Paradieses. Aber der Mensch hat diese Harmonie zerstört. Er wollte selber sein wie Gott, selber bestimmen, was richtig oder falsch ist. Die Folge der Urschuld war nicht die Vergöttlichung des Menschen, sondern das Gegenteil: Der Mensch erkennt, dass er nackt ist, er versteckt sich vor Gott, weil er ihn fürchtet. Dieses traumatische Erlebnis der Ureltern sitzt tief in den Herzen der Menschen von Generation zu Generation. Nur Gott kann ihn von dieser Angst befreien und er hat es getan, indem er Mensch geworden ist. In seinem Sohn Jesus Christus ist er hinab gestiegen in diese durch die Urschuld gebrochene Welt. Jesus hat das Ausgeliefert-Sein des Menschen in das irdische Dasein durchlitten. Sehr deutlich wird das im Garten Getsemani: Der Herr wird von Angst erschüttert, bis er Blut schwitzt. Jesus hat sich durch diese Angst durchgebetet; er hat sich an den Vater und seinen Willen geklammert. Betend ist Jesus Christus seinen Kreuzweg gegangen.

In der Erfahrung der Gottverlassenheit am Kreuz betet er den Psalm 22: »Mein Gott, mein Gott, warum hast du mich verlassen, bist fern meinem Schreien, den Worten meiner Klage« (Ps 22,2). In diesem Psalm wendet sich die Klage des Beters zur

Hoffnung: »Aber du bist heilig, du thronst über dem Lobpreis Israels. Dir haben unsere Väter vertraut, sie haben vertraut und du hast sie gerettet. Zu dir riefen sie und wurden befreit, dir vertrauten sie und wurden nicht zuschanden« (Ps 22,4–6). Dieses Vertrauen Jesus, in die Liebe des Vaters, die stärker ist als der Tod und alles Böse in der Welt besiegt, hat in seiner Auferstehung ihre Bestätigung gefunden. Die Kirche singt in einem Hymnus im Stundengebet der Osterzeit: »Wer ist nicht von der Angst befreit, wenn selbst der Schächer Gnade fand.« Der reuige Schächer erkennt im mitleidenden Jesus den Messias, den Erlöser und ruft ihn um Hilfe an. In seiner Todesangst erhält der Schächer die Heilzusage: »Heute noch wirst du mit mir im Paradiese sein« (Lk 23,43).

Ängste werden überwunden durch die Nähe eines geliebten Menschen. Wer kann uns näher sein als Jesus. In der Gemeinschaft mit ihm ist man mit seinen Ängsten nicht mehr allein. Sie sprengt den Kerker, in den die Ängste einen einsperren, und öffnet den Menschen für die Erfahrung der Liebe Gottes. Jesus Christus hat uns durch seinen Tod und seine Auferstehung das Urvertrauen zu Gott dem Vater wiedergeschenkt.

Die Tragik vieler moderner Menschen ist aber, dass sie ihren Ursprung nicht mehr in Gott sehen. Eventuell lässt man noch irgendein unbekanntes göttliches Wesen als ersten Urheber der Welt zu. Er ist jenseits der Welt und greift nicht in diese ein. Die Welt unterliegt ihren eigenen Gesetzmäßigkeiten und der Mensch kann nur auf sein eigenes Tun vertrauen.

In Fatima erinnert uns die Gottesmutter daran, dass wir Christen nicht an ein apersonales göttliches Wesen glauben, sondern an den einen dreifaltigen Gott, der die Liebe ist und uns Menschen aus Liebe erschaffen hat. Auch nach dem Sündenfall endet Gottes Liebe zu uns nicht. Im vierten Hochgebet der Messe betet die Kirche: »Als er im Ungehorsam deine Freundschaft verlor und der Macht des Todes verfiel, hast du ihn dennoch nicht verlassen, sondern voll Erbarmen allen geholfen, dich zu suchen und zu finden.«

In der Stunde der Verkündigung ist Maria die erste, die dieses große Geheimnis erfährt, dass Gott, um die Welt zu erlösen, seinen Sohn sendet. Sie ist auserwählt, die Mutter des Sohnes Gottes zu werden. Aber wer war dieser Mensch, den Gott für diese große Aufgabe erwählte? Die heilige Schrift gibt uns keine ausführliche Biographie der Gottesmutter. Das schönste Marienbild erhält man durch die einfachen Aussagen in den Evangelien, besonders im Lukasevangelium: Sie hat in Nazareth gelebt, in einem kleinen Dörfchen, das in der Bibel sonst nicht erwähnt wird. Sie war verlobt mit einem Mann Namens Josef, vielleicht im Alter zwischen 13 und 14 Jahren. Wie viele junge Frauen wird sie sich gefreut haben, den Bund der Ehe einzugehen, Mutter zu werden und eine Familie zu gründen. Es ist das Milieu einfacher Menschen, in dem sie lebte. Im »Magnifikat« beschreibt die Gottesmutter selber die religiöse Haltung dieser Menschen. »Meine Seele preist die Größe des Herrn, und mein Geist jubelt über Gott, meinen Retter. Denn auf die Niedrigkeit seiner Magd hat er geschaut. Siehe, von nun an preisen mich selig alle Geschlechter. Denn der Mächtige hat Großes an mir getan und sein Name ist heilig. Er erbarmt sich von Geschlecht zu Geschlecht über alle, die ihn fürchten. Er vollbringt mit seinem Arm machtvolle Taten: Er zerstreut, die im Herzen voll Hochmut sind; er stürzt die Mächtigen vom Thron und erhöht die Niedrigen. Die Hungernden beschenkt er mit seinen Ga-ben und lässt die Reichen leer ausgehen« (Lk 1,46–53).

Aus diesem Hymnus spricht die Frömmigkeit der »Armen Jahwes«, einer religiösen Bewegung in Israel, die in der Exilszeit in Babylon ihren Ursprung hat. Es sind die Kleinen, die Armen, die nichts von sich selbst, aber alles von Gott erhoffen. Diesen Heiligen Rest hat Gott besonders erwählt, um sein Heilswerk zu vollenden. Durch den Propheten Zefanja sagt er: »Und ich lasse in deiner Mitte übrig ein demütiges und armes Volk, das seine Zuflucht sucht beim Namen des Herrn« (Zef 3,12).

Von der Gottesmutter schreibt das Zweite Vatikanische Konzil: »Sie ragt unter den demütigen und Armen hervor, die das Heil im Vertrauen auf Gott empfangen.«[18]

Die Erscheinung der Gottesmutter in Fatima erinnert uns an diese entscheidende Grundhaltung des gläubigen Menschen, der ganzen Kirche. Maria ermahnt uns, den Stolz zu überwinden, und erinnert uns daran, dass Gott nur dem Demütigen seine Gnade schenkt.

[18] Vat II, LG 55.

Maria erscheint in einer Zeit, in der viele Menschen glauben, man müsse die Welt von der Krankheit befreien, die das Christentum gebracht habe, und die Demut heiße. Friedrich Nietzsche bezeichnet die Grundbegriffe des Christentums – *Liebe, Mitleid, Demut, Selbstlosigkeit* und *Opfergeist* – als Sklavenmoral und Feindschaft gegen das Leben. »Der Gott am Kreuz ist ein Fluch auf das Leben.«[19] Die große Versuchung der Neuzeit ist der Glaube an die Selbsterlösung des Menschen. Eigenartigerweise hat gerade das 20. Jahrhundert, durch zwei Weltkriege, das Naziregime und den Kommunismus im Osten ein Elend über die Menschen gebracht, wie es in dieser geballten Form wohl kaum in einem vorherigen Jahrhundert dagewesen ist. Für die leidgeprüfte Menschheit des 20. Jahrhunderts wird die Erscheinung der Gottesmutter in Fatima zu einem Zeichen der Hoffnung, einer frohen Botschaft. Selbst die Welt, die sich gegen Gott zusammenschließt, bleibt immer Ziel seiner Liebe. Sein endgültiges Ja zu den Menschen, in Jesus Christus, nimmt Gott nicht zurück. Er bleibt seiner Liebe treu. Maria erscheint uns als Zeugin dieser Liebe: »Fürchtet Euch nicht, ich komme vom Himmel.« Der Himmel ist nicht räumlich zu verstehen, er bezeichnet den Bereich Gottes, der ganz von seiner Liebe geprägt ist. So ruft uns die Gottesmutter in Fatima auf, von der Erde, von uns selber weg, wieder auf Gott – auf den Himmel – zu schauen.

[19] Friedrich Nietsche, In: J. Hirschberger: Geschichte der Philosophie, S. 519.

Warum wählt Gott, um diese Wahrheit den Menschen der Neuzeit in Erinnerung zu rufen, gerade dem Weg der Erscheinungen in Fatima? Eine Antwort hierauf finden wir bei der kleinen heiligen Thérèse von Lisieux. Die junge Karmelitin suchte ihre Berufung und findet eine Antwort im ersten Korintherbrief des Heiligen Paulus, Kapitel 13. Sie schreibt hier: »Der Apostel erklärt, wie die vollkommensten Gaben nichts sind ohne die Liebe.« Dieser Text erfüllt sie mit großer Freude, und sie ruft aus: »Jesus, meine Liebe ... Endlich habe ich meine Berufung gefunden, meine Berufung ist die Liebe. Ja, ich habe meinen Platz in der Kirche gefunden, und dieser Platz, mein Gott, den hast du mir geschenkt: Im Herzen der Kirche, meiner Mutter, werde ich die Liebe sein.«[20] Ihre Liebe geht so weit, dass sie sogar auf die Vollendung im Himmel verzichten möchte, wenn sie dort nicht mehr zum Heil der Menschen wirken könne. In einem Brief an ihren geistliche Bruder Pater Roulland schreibt sie im Hinblick auf ihren Tod: »Ich kenne die Zukunft nicht, aber wenn Jesus meine Vorahnungen wahr werden lässt, verspreche ich Ihnen, dass ich dort oben Ihre kleine Schwester bleiben werde. Unsere Verbindung wird nicht etwa auseinander reißen, sie wird vielmehr noch enger werden. Dann wird es nämlich keine Klausur und keine Gitter mehr geben, und meine Seele kann mit Ihnen in die fernen Missionsgebiete fliegen. Unsere Aufgaben werden dieselben bleiben; für Sie

---

[20] Therese vom Kinde Jesu. Selbstbiographische Schriften, S. 200.

die Waffen des Apostolats, für mich Gebet und Liebe.«[21]

Was die kleine Therese in ihrer mystischen Erfahrung erkannt hat, gilt in vorrangiger Weise für die Gottesmutter. In der Stunde der Verkündigung steht sie nicht allein vor Gott. Sie verkörpert die ganze erlösungsbedürftige Menschheit. Stellvertretend gibt sie ihr Jawort. Sie wird in einmaliger Weise die Jüngerin Christi und wirkt als Mutter des Heilands an der Erlösung mit. Sie bleibt diesem Auftrag treu, bis unter das Kreuz. Der Herr selber vertraut sie hier seinem Lieblingsjünger an und macht sie so zur Mutter der Kirche. In diesem Sinne schreibt das Zweite Vatikanische Konzil über Maria: »Diese Mutterschaft Marias in der Gnadenökonomie dauert unaufhörlich fort, von der Zustimmung an, die sie bei der Verkündigung gläubig gab und unter dem Kreuz ohne Zögern festhielt, bis zur ewigen Vollendung aller Auserwählten. In den Himmel aufgenommen, hat sie diesen Heil bringenden Auftrag nicht aufgegeben, sondern fährt durch ihre vielfältige Fürbitte fort, uns die Gaben des ewigen Heils zu erwirken. In ihrer mütterlichen Liebe trägt sie Sorge für die Brüder ihres Sohnes, die noch auf der Pilgerschaft sind und in Gefahren und Bedrängnissen weilen, bis sie zur seligen Heimat gelangen.«[22]

Was das Konzil hier von Maria geschrieben hat, wurde in den Erscheinungen von Fatima durch die drei Seherkinder für uns sichtbar. Sie werden so zu

[21] Therese von Lisieux: Mein lieber kleiner Bruder. Würzburg 2006, S. 162.
[22] Vat II, LG 62.

kleinen Propheten, in einer Welt, die sich immer mehr gegen Gott verschließt. Durch sie ruft die Gottesmutter uns zur Rückkehr zu Gott und zum aufrichtigen, kindlichen Vertrauen zu Gott auf.

Wollt Ihr Euch Gott anbieten?

Der erste Teil der Erscheinung der Gottesmutter am 13. Mai 1917 in Fatima hat uns zur Betrachtung der Stunde der Verkündigung geführt, in der Maria von Gott den Auftrag erhält, die Mutter des Erlösers der Menschheit zu werden. Stellvertretend für die erlösungsbedürftigen Menschen gibt sie ihr Jawort. Der Heilige Bernhard hat diese Szene in einem Gebet zur Gottesmutter sehr schön zum Ausdruck gebracht: »Der Engel wartet auf deine Antwort. Es ist Zeit, dass er zu Gott zurückkehrt, der ihn gesandt hat. Herrin, auch wir warten auf dein erbarmendes Wort, denn uns drückt der Urteilsspruch ins Elend. Siehe, dir wird angeboten, unser Heil zu erwerben: Sobald du ja sagst, sind wir befreit.«[23] Das Zweite Vatikanische Konzil sagt, dass die Gottesmutter auf einzigartige Weise am Heil der Menschen mitgewirkt hat, allerdings in einer untergeordneten Weise, die »[...] der Würde und Wirksamkeit Christi, des einzigen Mittlers, nichts abträgt und nichts hinzufügt.«[24]

[23] Zitiert nach Bernardin Schellenberger: Bernhard von Clairvaux: Rückkehr zu Gott. Düsseldorf 2001, S. 56.
[24] Vat II, LG 62.

Ich halte es für wichtig, im Hinblick auf die Deutung der Botschaft von Fatima, dass diese alleinige Mittlerrolle Jesu Christi, des Sohnes Gottes, klar betont und kein Mensch, auch nicht Maria, mit ihm in eine Reihe gestellt wird.[25]

Der Apostel Paulus schreibt im ersten Brief an Timotheus: »Einer ist Gott, einer auch Mittler zwischen Gott und den Menschen: der Mensch Christus Jesus, der sich als Lösegeld hingegeben hat für alle [...].« (1 Tim 2,5–6). Die Aufgabe Mariens am Heilsplan Gottes ist es, die Mutter seines Sohnes zu sein – angefangen von der Stunde der Verkündigung. Hier wird von ihr der Glaube gefordert, dass sie als Jungfrau durch das Wirken des Heiligen Geistes ein Kind empfangen wird. Sie willigt demütig in diesen Auftrag ein, der sicherlich ihre Vorstellungskraft überstiegen hat. Sie bringt ihren Sohn Jesus in Bethlehem in einem Stall zur Welt, da in der Herberge kein Platz für sie war. Sie teilt so das Schicksal ihres Sohnes, von dem der Evangelist Johannes später schreiben wird: »Er kam in sein Eigentum, aber die Seinen nahmen ihn nicht auf« (Joh 1,11).

Bei der Darstellung im Tempel weissagt ihr der greise Simeon, dass sie am Leiden dieses Kindes teilhaben wird (Lk 2,25–35). Durch den König Herodes, der ihrem Kind nach dem Leben trachtet, erfährt sie die Bedrohung des Sohnes Gottes durch die Mächtigen dieser Welt und muss mit ihm nach Ägypten fliehen. In den einfachen Verhältnissen

[25] Vgl. Vat II, LG 62.

von Nazareth wird sie als erste erkannt haben, was der Heilige Paulus später in die Worte fasst: »Er, der reich war, wurde euretwegen arm, um euch durch seine Armut reich zu machen« (2 Kor 8,9). Sie erfährt den Schmerz des Abschieds, als ihr Sohn das Elternhaus verlässt und sein öffentliches Wirken beginnt. Wie Mütter zu allen Zeiten für ihre Kinder beten, so wird auch sie durch ihr Gebet das öffentliche Wirken ihres Sohnes begleitet haben. Bei der Hochzeit zu Kana sieht sie die Not der Brautleute, die keinen Wein mehr haben. Auf ihre Fürbitte verwandelt Jesus Wasser in Wein und wirkt so sein erstes Wunder. Lange schweigen die Evangelien danach fast ganz über sie. Erst unter dem Kreuz wird die Gottesmutter wieder ausdrücklich erwähnt. Hier steht sie bei ihrem sterbenden Sohn, wie wohl alle Mütter da sind, wenn ihr Kind leidet und auf den Tod zugeht. Unter dem Kreuz wird ihr die ganze Konsequenz ihres Jawortes in der Stunde der Verkündigung bewusst, und sie willigt ein in das für uns Menschen unbegreifliche Geheimnis, dass Gott seinen Sohn für uns am Kreuz dahingibt. Das Zweite Vatikanische Konzil sagt: »Sie umfing den Heilswillen Gottes mit ganzem Herzen und von der Sünde unbehindert und gab sich als Magd des Herrn ganz der Person und dem Werk ihrs Sohnes hin und diente so unter ihm und mit ihm in der Gnade des allmächtigen Gottes dem Geheimnis der Erlösung.«[26]

Die kleine Heilige Thérèse wäre gerne Priester geworden, um über die Gottesmutter predigen zu

---

[26] Vat.II, LG 56.

können. Gegen alle Übertreibungen der Marien-
predigten ihrer Zeit wollte sie zeigen, wie schlicht
und einfach ihr Leben gewesen sei. Sie sagt: »Die
Gottesmutter wird uns als unnahbar vorgestellt. Es
wäre besser, sie uns als nachahmbar vor Augen zu
führen, wie sie ihr verborgenes Leben gleich uns
verbrachte.«[27] Zu dieser Nachahmung ihres Lebens
lädt die Gottesmutter die drei Seherkinder mit folgenden Worten ein:

»Wollt ihr euch Gott anbieten, um alle Leiden zu ertra-
gen, die Er euch schicken wird, zur Sühne für alle
Sünden, durch die Er beleidigt wird und als Bitte um
die Bekehrung der Sünder?«[28]

In ihrer späteren Deutung der Botschaft von
Fatima schreibt Schwester Lucia zu dieser Bitte
der Gottesmutter:

In dieser Frage unserer Herrin sehe ich, wie Gott das
Geschenk der Freiheit, die er uns schenkte, betrachtet.
Er zwingt uns nicht, eine besondere Sendung anzuneh-
men, die Er uns anvertrauen will. So war es auch bei
unserer Herrin, zu der Er den Engel geschickt hat, um
sie zu fragen, ob sie annehme, Mutter des Messias zu
werden? Es ist eine unendliche Zärtlichkeit, mit der
Gott Seine kleinen Geschöpfe behandelt und die Gaben,
die er geschenkt hat, beachtet. Er möchte uns nicht
zwingen, ihm zu dienen. Einzig durch Liebe sollen wir
dazu bewegt werden. Gott ist die Liebe und nur, was
aus der Liebe zu Ihm und zu dem Nächsten geschieht,
gefällt ihm und wird von Ihm angenommen und ist
wertvoll in seiner Gegenwart.[29]

---

[27] Die letzten Worte der Theresia Martin, 2. Auflage, Trier, S. 101.
[28] Schwester Lucia spricht über Fatima, S. 186.
[29] Schwester Lucia: Wie sehe ich die Botschaft, S. 35.

Mit einfachen Worten beschreibt Schwester Lucia hier die innere Haltung, von der die Gottesmutter in der Stunde der Verkündigung geprägt ist. Der Engel sagt: »Du bist voll der Gnade.« Für mich bringt dies die Lehre der Kirche auf den Punkt, dass Maria von der Stunde ihrer Empfängnis an von der Erbsünde befreit ist. Ich deute diese Worte immer in dem Sinn, dass sie ganz von der Gottesliebe erfüllt ist, die ihr die Kraft gibt, dem Heilsplan Gottes zuzustimmen. In ihr gibt es nicht die Auflehnung gegen Gott, sie will nicht sein wie Er. Sie bezeichnet sich selber als Magd des Herrn und unterwirft sich seinem Willen. Um genau diese Grundhaltung bittet die Gottesmutter die drei Hirtenkinder. Ihre Bitte wird gestärkt, durch eine besondere Erfahrung der Gegenwart Gottes, die Maria den Kindern vermittelt. Schwester Lucia beschreibt dies in ihren Erinnerungen:

[...] öffnete Sie [Maria] zum ersten Mal die Hände und übermittelte uns ein so starkes Licht, das wie ein Widerschein von ihren Händen ausging. Es drang uns in die Brust und bis in die tiefste Tiefe der Seele und wir erkannten uns selber in Gott, der dieses Licht war, viel klarer, als wir uns im besten Spiegel sehen konnten.[30]

Diese Erfahrung der Kinder kann man mit dem Satz aus dem ersten Johannesbrief deuten: »Liebe Brüder, wir wollen einander lieben; denn die Liebe ist aus Gott und jeder, der liebt, stammt von Gott und erkennt Gott« (1 Joh 4,7). Im Sprachgebrauch der Bibel bedeutet Gott »erkennen«, dass man in seine liebende Gemeinschaft eintreten soll.

---

[30] Schwester Lucia spricht über Fatima, S. 187.

Diese Gotteserfahrung bestärkte die Kinder, den Auftrag der Gottesmutter anzunehmen und in ihrem Leben zu verwirklichen. Sie erfüllten ihn mit einfachen Dingen, die Kindern möglich sind. Sie beteten jeden Tag den Rosenkranz, tranken bei großer Hitze kein Wasser und opferten ihren Durst auf. Sie gaben ihr Pausenbrot den Schafen und versuchten zu fasten. Durch diese einfachen Opfer zeigen sie uns einen Weg, wie wir als Christen unser eigenes Leben aufopfern können und so teilhaben, am Heilswerk Jesu Christi, das er seiner Kirche für alle Zeiten anvertraut hat. Wir müssen keine außergewöhnlichen Dinge tun, sondern treu unsere Pflichten erfüllen, die unsere Berufung mit sich bringt. Jeder von uns hat einen Auftrag von Gott in dieser Welt bekommen, zu dem er ja gesagt hat. Dies haben beispielsweise Eheleute am Traualtar getan; der Priester bei der Priesterweihe und Ordensleute bei der Profess. Das Ja zur eigenen Berufung beinhaltet auch immer die Bereitschaft, das Kreuz anzunehmen, das jedem auf dem Lebensweg aufgelegt wird. Maria hat den Kreuzweg ihres Sohnes geteilt und unter seinem Kreuz gestanden. So dürfen auch wir glauben, dass gerade auf unserem Kreuzweg die Mutter des Herrn uns nahe ist. Die Bereitschaft, sein Kreuz zu tragen, machte Jesus zum Maßstab seiner Nachfolge: »Wer mein Jünger sein will, der verleugne sich selbst, nehme sein Kreuz auf sich und folge mir nach. Denn wer sein Leben retten will, wird es verlieren; wer aber sein Leben um meinetwillen verliert, wird es gewinnen« (Mt 16,24–25). Dieser fundamentale Grundsatz christlichen Lebens wird heute auch unter Christen in Frage gestellt. Der moderne Mensch will in seinem Leben sich selbst verwirklichen, etwas vom Leben haben. Der Begriff des Opfers wird als veraltet angesehen und gilt sogar als Gift, das eine gesunde Entwicklung menschlichen Lebens verhindert. Es würde den Rahmen dieses kleinen Büchleins sprengen, wollte man auf die problematischen Folgen dieser modernen Weltanschauung genauer eingehen. Eine Konsequenz davon ist zum Beispiel der Rückgang der Geburten, der eine Überalterung unserer Gesellschaft zur Folge hat. Echte Liebe bringt es immer mit sich, dass man für das Leben anderer Menschen konkrete Verantwortung übernimmt, das eigene Leben hingibt zum Heil anderer Menschen. Verzicht auf die eigene Lebensentfaltung und Opfer sind eine Konsequenz echter Liebe. Für das Leben ist es wichtig, dass man einen Sinn in seinem Dasein sieht, dass man weiß, wa-rum man auf dieser Welt ist. Was aber kann einem Leben mehr Sinn geben, als die Erfahrung, dass mein Leben, mag es mir auch oft so einfach und unbedeutend vorkommen, für andere Menschen zum Heil wird, dass ich am Heilswerk Gottes in dieser Welt teilhabe.

Papst Benedikt XVI. schreibt in seiner Enzyklika »Über die christliche Hoffnung«: »Noch eine für die Dinge des Alltags nicht ganz unerhebliche kleine Bemerkung möchte ich anfügen. Zu einer heute vielleicht weniger praktizierten, aber vor nicht allzu langer Zeit noch sehr verbreiteten Weise der Frömmigkeit gehörte der Gedanke, man könne die kleinen Mühen des Alltags, die uns immer wieder einmal wie mehr oder weniger empfindliche Nadelstiche treffen, ›aufopfern‹ und ihnen dadurch Sinn verleihen. In dieser Frömmigkeit gab es gewiss Übertriebenes und auch Ungesundes, aber es ist zu fragen, ob da nicht doch irgendwie etwas Wesentliches und Helfendes enthalten war. Was kann das heißen: ›aufopfern‹? Diese Menschen waren überzeugt, dass sie ihre kleinen Mühen in das große Mitleiden Christi hineinlegen konnten, so dass sie irgendwie zu dem Schatz des Mitleids gehörten, dessen die Menschheit bedarf. So könnten auch die kleinen Verdrießlichkeiten des Alltags Sinn gewinnen und zum Haushalt des Guten, der Liebe in der Mensch-heit beitragen. Vielleicht sollten wir doch fragen, ob solches nicht auch für uns wieder zu einer sinnvollen Möglichkeit werden kann.«[31] Die religiöse Haltung, die der Heilige Vater uns hier in seiner Enzyklika nahelegt, ist im Grunde genommen das Gleiche, wozu uns die Gottesmutter in Fatima aufruft: Unser Leben Gott anzubieten – zum Heil der Welt.

Erfahrbar wird diese Glaubenshaltung in der Feier der Eucharistie. Beim letzten Abendmahl hat Jesus diese Feier gestiftet. Nach dem Einsetzungsbericht, den Worten über Brot und Wein, sagt er zu seinen Jüngern: »Tut dies zum meinem Gedächtnis.«

---

[31] Benedikt XVI.: Enzyklika SPE SALVI, S. 40.

In seinem letzten Brief an die Priester zum Gründonnerstag 2005 greift Papst Johannes Paul II. diese Worte auf und deutet sie: »Auf Euch, liebe Priester, richten sich meine Gedanken, während ich als Kranker unter den Kranken im Hospital eine Zeit der Behandlung und der Rehabilitation verbringe und in der Eucharistie mein Leiden mit dem Leiden Christi verbinde. In diesem Geist möchte ich mit Euch über einige Aspekte unserer priesterlichen Spiritualität nachdenken. Dabei lasse ich mich von den Worten der Einsetzung der Eucharistie leiten, jenen Worten, die wir jeden Tag in persona Christi aussprechen, um auf unseren Altären das ein für allemal auf Golgotha vollbrachte Opfer gegenwärtig zu setzen. Von diesen Worten gehen lichtvolle Anhaltspunkte für die priesterliche Frömmigkeit aus: Wenn die ganze Kirche aus der Eucharistie lebt, muss das Leben des Priesters in besonderer Weise eine ›Eucharistische Gestalt‹ haben. Die Einsetzungsworte der Eucharistie dürfen für uns daher nicht nur eine Konsekrationsformel sein, sondern ein ›Formel für das Leben‹.« Diese Worte des Heiligen Vaters gelten für mich nicht nur für die Priester, sondern für alle Gläubigen, die an der Eucharistiefeier teilnehmen. Das Zweite Vatikanische Konzil betont die Mitwirkung aller Gläubigen bei der Feier. Hier heißt es: »Er [der Priester] vollzieht in der Person Christi das eucharistische Opfer und bringt es im Namen des ganzen Volkes Gottes dar; die Gläubigen hingegen wirken kraft ihres königlichen Priestertums an der eucharistischen Darbringung mit.«[32] Der Auftrag der Gottesmutter an die Kinder in Fatima ist demnach nichts anderes, als was das Konzil mit dem Begriff vom allgemeinen *Priestertum* aller Gläubigen zum Ausdruck bringt. Laien und Priester haben auf je eigene Weise am einzigen Priestertum Jesu Christi teil. Dieser Teil der Botschaft von Fatima hat mir persönlich entscheidende Dimensionen des Priestertums wieder neu gezeigt, und ich konnte sie tiefer verinnerlichen. Bei der Priesterweihe fragt der Bischof die Weihekandidaten: »Seid Ihr bereit, Euch Christus dem Herrn enger zu verbinden und so zum Heil der Menschen für Gott zu leben?« In einer älteren Fassung heißt es: »... und mit ihm Opfergabe zur Ehre Gottes und zum Heil der Menschen zu werden?« Bei der Überreichung der Hostienschale sagt der Bischof: »Empfange die Gabe des Volkes für die Feier des Opfers, bedenke was Du tust, arme nach, was Du vollziehst und stelle Dein Leben unter das Geheimnis des Kreuzes.« Für Jesus bedeutet das Kreuz zunächst Zeichen seiner Ohnmacht. Seine Botschaft, sein äußeres Wirken, ist von vielen Menschen nicht begriffen und angenommen worden. Das Kreuz ist die letzte Konsequenz seiner Liebe zu den Menschen, für die er sein Leben ganz hingibt. Er geht diesen Weg im Vertrauen auf die Allmacht Gottes, der ihn nicht im Tode lassen wird. Sein Tod am Kreuz und seine Auferstehung werden zur Quelle des Heils für alle Menschen. Die Mutter Gottes und der Jünger, den Jesus besonders liebte, werden als erstes Zeugen dieser Quelle des ewigen Lebens. Ein Soldat öffnet mit einem Speer

---

[32] Vat.II, LG 10.

die Seite Jesu und aus seinem Inneren fließen Blut und Wasser hervor. Die Kirchenväter deuten dies auf die Sakramente der Taufe und der Eucharistie, auf die ganze Kirche, die aus dem geöffneten Herzen Jesu hervorgeht.

Gerade in unserer Zeit erfahren die Priester oft in frustrierender Weise die Unfruchtbarkeit ihres pastoralen Wirkens. Wir sind Kinder unserer Zeit und vom heutigen Effizienzdenken geprägt: Man muss nur die richtige Methode finden, dann wird sich der Erfolg einstellen. Als ich mich 1970 auf den Weg zum Priestertum machte, gab es eine starke Verlagerung in der Ausbildung auf das pastoral praktische Wirken. Noch nie ist Seelsorge mit einem solch personalen und methodischen Aufwand betrieben worden, wie in den letzen Jahrzehnten. Dennoch erfahren wir den ständigen Rückgang des religiösen Lebens der Menschen. Diese Erfolglosigkeit kann Priester in eine große Identitätskrise führen. Gerade auf diese Erfahrung der Grenze habe ich durch die Botschaft von Fatima eine Antwort bekommen. Nicht nur der äußere pastorale Dienst ist entscheidend für das Leben eines Priesters, sondern Gebet, Opfer, das Streben nach persönlicher Heiligkeit und die Hingabe des ganzen Lebens gehören zur Fruchtbarkeit des priesterlichen Dienstes dazu. Beim heiligen Pfarrer von Ars beklagte sich einmal ein Priester, dass trotz seiner Arbeit die Menschen in seiner Gemeinde so lau leben. Der heilige Pfarrer gab ihm zur Antwort: »Gut, Sie haben gepredigt, Sie haben die Sakramente gespendet. Haben Sie auch gefastet? Haben Sie auch gebetet? Solange Sie das nicht getan haben, dürfen Sie sich nicht beschweren.« Zu meiner Pfarreiengemeinschaft gehören elf Dörfer. Jeden Abend feiere ich die Heilige Messe in einem anderen Dorf, zum Teil in kleinen Filialkapellen, in denen sich nur 15–20 Gläubige zum Gottesdienst versammeln. Ich lerne immer mehr, dass die Zahl keine Rolle spielt. Die Wände der kleinen Kapellen weiten sich. Das ganze Dorf ist in das Opfer Christi mit eingeschlossen. Im Geiste versammle ich alle Menschen um den Altar, diejenigen, die aus irgendwelchen Gründen nicht kommen können, genauso wie die, die den Zugang zu dieser Feier verloren haben, nicht kommen wollen. Wenn man als Priester aus der Hingabe an Jesus Christus lebt, dann darf man im Glauben auf eine Fruchtbarkeit vertrauen, um die Gott allein weiß, die nicht äußerlich zu fassen ist, noch statistisch festgehalten werden kann.

Der Aufruf der Gottesmutter in Fatima ist darum im Grunde genommen das Gleiche, wozu uns der Heilige Paulus im Brief an die Römer auffordert: »Angesichts des Erbarmens Gottes ermahne ich euch, meine Brüder, euch selbst als lebendiges und heiliges Opfer darzubringen, das Gott gefällt; das ist für euch der wahre und angemessene Gottesdienst« (Röm 12,1).

Weitere Botschaften der Gottesmutter bei den Erscheinungen bis zum 13. Oktober

Betet alle Tage den Rosenkranz

Zu Beginn der letzten Erscheinung am 13. Oktober 1917 stellt die Gottesmutter sich mit den Worten vor: *»Ich bin Unsere Liebe Frau vom Rosenkranz. Man soll weiterhin täglich den Rosenkranz beten.«*[33]

Das Gebet des Rosenkranzes empfiehlt die Gottesmutter bei allen Erscheinungen. Dieses Gebet ist ein wesentlicher Bestandteil der Botschaft von Fatima. Schwester Lucia schreibt dazu:

Er [Gott] hat das Rosenkranzgebet ausgewählt, also den Dritten Teil des Psalters. Vielleicht ist dieses Gebet das am leichtesten zugängliche für alle, Kleine und Große, Gescheite und Unwissende, die mit gutem Willen Gott täglich dieses bescheidene Gebet unseres Rosenkranzes darbringen können?[34]

Die Seherkinder konnten nicht lesen und schreiben, aber das einfache Gebet des Rosenkranzes hatten sie gelernt. Dieses Gebet hat seinen Ursprung in den Klöstern des Mittelalters. Die Mönche oder die Nonnen, die nicht lesen konnten, beteten zu den einzelnen Gebetszeiten an Stelle des Stundengebetes einfach mehrere *Vater unser*. Später kam dann das *Gegrüßet seist Du, Maria* dazu. Aus diesen einfa-

---

[33] Schwester Lucia spricht über Fatima, S. 194.
[34] Schwester Lucia. Wie sehe ich die Botschaft, S. 38.

chen Anfängen hat sich im Laufe der Zeit das Rosenkranzgebet entwickelt und ist zu dem weit verbreiteten Volksgebet geworden. Papst Johannes Paul II. hat am Beginn des 25. Jahres seines Pontifikates vom Oktober 2002 bis zum Oktober 2003 ein besonderes Jahr des Rosenkranzes ausgerufen. Durch dieses Jahr wollte er den Gläubigen die Bedeutung des Rosenkranzes auch für das dritte Jahrtausend nahe bringen. Zur geistlichen Einführung in dieses Jahr hat er ein Apostolisches Schreiben verfasst: *Rosarium Virginis Mariae*. Dieses Schreiben ist sehr persönlich gehalten und man spürt, dass es aus seiner eigenen Erfahrung mit dem Rosenkranzgebet kommt, dass er als sein Lieblingsgebet bezeichnet.[35] Für den Heilige Vater ist der Rosenkranz ein christologisches Gebet, eine Kurzfassung des Evangeliums. Er betont, dass der Rosenkranz ein kontemplatives Gebet sei, in dem wir mit den Augen Mariens das Antlitz Christi betrachten.[36] Das Gehen durch die Szenen des Rosenkranzes an der Seite Mariens bedeutet, sich in die Schule Mariens zu begeben, um Christus zu erfassen und um die Geheimnisse seines Lebens, seines Leidens und seiner Auferstehung tiefer zu verstehen. Das Ziel der Schule Mariens ist, dass wir Christus immer mehr lieben lernen. Wir können sagen: Der Rosenkranz ist eine praktische Umsetzung der Botschaft von Fatima in unser Leben.

[35] Vgl. Papst Johannes Paul II.: Rosarium Virginis Mariae 2.
[36] Vgl. Papst Johannes Paul II.: Rosarium Virginis Mariae 12.

Der Rosenkranz beginnt mit dem Kreuz und mündet wieder ein in das Kreuz. Zu Beginn des Gebetes kann man dies küssen, als Zeichen der Liebe zum Gekreuzigten. Das Kreuz erinnert uns daran, dass wir bereit sein müssen, in der Nachfolge Jesu unser eigenes Kreuz auf uns zu nehmen. Wir lernen dies von Maria, die in der Stunde der Verkündigung ja gesagt hat, die Mutter des Sohnes Gottes zu werden und damit auch ja gesagt hat zum Kreuz, auf das sie mit ihrem Sohn zugeht.

Dann folgt ein *Vater unser* und drei *Gegrüßet seist Du Maria* mit den jeweiligen Anrufungen: »der den Glauben in uns vermehre, die Hoffnung in uns stärke, die Liebe in uns entzünde.« Hier wird das Ziel des Rosenkranzgebetes deutlich: Sich einzuüben in Glaube, Hoffnung und Liebe.

Beim Rosenkranzgebet hat man etwas in der Hand, die Perlenkette. Dies hat symbolischen Charakter. Im Glauben kann ich mich an Gott festhalten. Wenn mir schwerkranke Menschen sagen: ich kann nicht mehr beten, dann empfehle ich ihnen oft, einfach den Rosenkranz in die Hand zu nehmen und ihn an sich zu drücken. Schon dieses einfache Zeichen kann Vertrauen erwecken und in dieser einfachen Weise sollte man den Rosenkranz belassen. Ich sehe vielfach eine Gefahr in der Umsetzung der Botschaft von Fatima, das Rosenkranzgebet absolut zu setzen, es als unbedingt heilsnotwendig anzusehen.

Als Kind habe ich meine erste religiöse Prägung in den 50er Jahren des vergangenen Jahrhunderts erfahren. Ich bin heute froh, dass ich die äußeren Formen unseres Glaubens, die Liturgie, die Marienfrömmigkeit, das Gebet des Rosenkranzes usw. in einer Umwelt erlebt habe, in der diese Dinge einfach zum religiösen Leben dazugehörten und nicht alles hinterfragt wurde. Von Kind an bis heute gehört das Beten des Rosenkranzes ganz selbstverständlich zu meinem religiösen Leben. Ich kann mich nicht mehr erinnern, wer mir das Gebet des Rosenkranzes beigebracht hat. Im Leben der Familie, der Pfarrgemeinde hat man ihn einfach gelernt. Wenn mich heute jemand fragen würde: welche Bedeutung hat das Gebet des Rosenkranzes, dann würde ich ihm einen Rosenkranz in die Hand drücken und ihm erklären, wie man ihn betet. Wie man als Kind gehen lernt, indem man einfach anfängt zu gehen, so lernt man die Bedeutung des Rosenkranzes einfach, indem man anfängt, ihn zu beten.

Die Vision der Hölle

Die Erscheinungen der Gottesmutter hatten sich in der Umgebung von Fatima herumgesprochen und so kamen am 13. Juli 1917 ca. 5.000 Menschen in die Cova da Iria. Während dieser Erscheinung offenbarte Maria den drei Hirtenkindern das große Geheimnis von Fatima, dass aus drei Teilen besteht. Auf Geheiß des Bischofs hatte Sr. Lucia die ersten beiden Teile 1941 niedergeschrieben. Der dritte Teil wurde seit 1957 im Geheimarchiv des Heiligen Offiziums in Rom aufbewahrt. Die Seligsprechung von Jacinta und Francisco nahm Papst Johannes Paul II. zum Anlass, auch diesen Teil des Geheimnisses von Fatima der Öffentlichkeit bekannt zu geben.

In ihren Erinnerungen schildert Sr. Lucia, wie die Gottesmutter zu ihnen sagte:

»Opfert euch auf für die Sünder und sagt oft, besonders wenn ihr ein Opfer bringt: O Jesus, das tue ich aus Liebe zu Dir, für die Bekehrung der Sünder und zur Sühne für die Sünden gegen das Unbefleckte Herz Mariens.«

Danach hatten die Kinder die große Vision der Hölle, von der Sr. Lucia schreibt:

Erschrocken und wie um Hilfe bittend erhoben wir den Blick zu Unserer Lieben Frau, die voll Güte und Traurigkeit zu uns sprach: »Ihr habt die Hölle gesehen, wohin die Seelen der armen Sünder kommen. Um sie zu retten, will Gott die Andacht zu meinem Unbefleckten Herzen in der Welt begründen.[37]

In seiner Deutung des Geheimnisses von Fatima weist Kardinal Ratzinger (Papst Benedikt XVI.) darauf hin, dass es sich bei Visionen wie in Lourdes und Fatima nicht um die gewöhnliche äußere Sinneswahrnehmung handelt: »Die Bilder und Gestalten, die gesehen werden, stehen nicht äußerlich im Raum da wie ein Baum oder ein Haus.«[38] Die Kinder haben also nicht die reale Hölle gesehen, diese liegt außerhalb unserer sinnlichen Wahrnehmung. Alles Übernatürliche kann uns Menschen nur durch Bilder offenbart werden. Das heißt allerdings nicht, so betont der Kardinal weiter, dass es nur Bilder der Fantasie sind, sondern es wird etwas wirklich Existierendes wiedergegeben.[39] Schwester Lucia schreibt

---

[37] Schwester Lucia spricht über Fatima, S. 189–190.

[38] Joseph Kardinal Ratzinger, Kommentar zum Geheimnis von Fatima, in: Verlautbarungen des Apostolischen Stuhles, Bonn 2000, S. 38.

[39] Vgl. Joseph Kardinal Ratzinger, a.a.O., S. 38.

in ihren persönlichen Erinnerungen zur Höllenvision:

Ich weiß nicht, ob unsere Liebe Frau in der Schau der Hölle im Lichte des unendlichen Seins Gottes erreichen wollte, dass wir mehr und besser begreifen, wie notwendig es für uns ist, Gott Gebete und Opfer für die Bekehrung der Sünder darzubringen. Vielleicht geschah es auch, weil sie schon vorausah, dass eine Zeit kommen wird, in der diese Glaubenswahrheit geleugnet oder in Zweifel gezogen wird.[40]

In der Verkündigung der Kirche tun wir uns heute schwer mit Predigten über die Hölle. Es ist wahrscheinlich eine Reaktion auf Zeiten, in denen gerade bei Volksmissionen sehr drastisch über die Hölle gepredigt wurde, um die Gläubigen zur Umkehr zu bewegen. Der Erfolg solcher Höllenpredigten war oft mehr Angst als Hinführung zu einem tieferen christlichen Leben, das ja eine Antwort von uns Menschen auf die Erfahrung der Liebe Gottes zu uns sein soll. Aber man muss festhalten, dass Jesus öfter von der Hölle spricht, in die Menschen kommen, die ganz bewusst bis zum Ende ihres Lebens den Glauben an Jesus Christus verweigern und sich nicht bekehren. Im Matthäus-Evangelium schildert er das Weltgericht, zu dem der Menschensohn mit allen Engel erscheinen wird: »Und alle Völker werden vor ihm zusam-mengerufen werden und er wird sie voneinander scheiden, wie der Hirt die Schafe von den Böcken scheidet.« (Mt 25,32) Der Maßstab für das Gericht sind die Werke der Barmherzigkeit. Die zu seiner Rechten, die ihren Mitmenschen

---

[40] Schwester Lucia. Wie sehe ich die Botschaft, S. 48.

Barmherzigkeit erwiesen haben, werden aufgenommen in den Himmel. Den Menschen zu seiner Linken, die ihrem Nächsten die Barmherzigkeit verweigert haben, sagt er: »Weg von mir, ihr Verfluchten, in das ewige Feuer, das für den Teufel und seine Engel bestimmt ist!« (Mt 25,41).

Gott ist unendlich barmherzig, aber auch unendlich gerecht. Das Blut Abels schreit durch die ganze Geschichte der Menschheit zu Gott. All das Böse, dass Menschen einander antun, die Ungerechtigkeiten dieser Welt, rufen nach Gottes Gerechtigkeit. Aber zwischen der Schuld der Menschen und dem Gericht Gottes steht das Kreuz. Im Johannes-Evangelium heißt es: »Denn Gott hat seinen Sohn nicht in die Welt gesandt, damit er die Welt richtet, sondern damit die Welt durch ihn gerettet wird. Wer an ihn glaubt, wird nicht gerichtet; wer nicht glaubt, ist schon gerichtet, weil er an den Namen des einzigen Sohnes Gottes nicht geglaubt hat« (Joh 3,17–18). Gott nimmt die Freiheit des Menschen sehr ernst. Auf welcher Seite der Mensch in der Stunde des Gerichts steht, ist seine persönliche Entscheidung in diesem Leben. Im Zusammenhang mit den Reden über das Gericht spricht Christus immer wieder von der Wachsamkeit. Er will die Menschen davor bewahren, den Weg zum wahren Leben nicht aus dem Auge zu verlieren, der in ihm sichtbar ge-worden ist. Kardinal Joseph Ratzinger (Papst Benedikt XVI.) schreibt zur Tatsache des Gerichtes: »Christus teilt niemand Verderben zu, er selbst ist reine Rettung und wer bei ihm steht, steht im Raum der Rettung und des Heils.«[41]

Der Auftrag des Vaters, die Menschheit zu erlösen, führt Jesus ans Kreuz. Dies ist der Höhepunkt seiner Liebe zu uns Menschen, für die er sein Leben hingibt. Was uns vor dem ewigen Tod bewahrt, ist der Glaube an Jesus Christus, allerdings ein Glaube der in der Liebe wirksam wird (Gal 5,6). Beides gehört zu unserer vollen Rechtfertigung dazu. An erster Stelle steht die Erfahrung der Gnade Gottes, durch die er uns Erlösung schenkt. Im ersten Johannesbrief heißt es: »Nicht darin besteht die Liebe, dass wir Gott geliebt haben, sondern dass er uns geliebt und seinen Sohn als Sühne für unsere Sünden gesandt hat« (1 Joh 4,10). Diese Erfahrung muss aber dann in unserem Leben als Christen in unseren guten Werken wirksam werden. Hierfür gibt der erste Johannesbrief eine einfache Formel: »Wer nicht liebt, hat Gott nicht erkannt; denn Gott ist die Liebe« (Joh 4,8).

Der Aufruf der Gottesmutter in Fatima hat für uns zwei Aspekte: Einmal, der Ruf zu unserer persönlichen Umkehr. Zum Zweiten der Auftrag, am Heil der ganzen Menschheit mitzuwirken.

Der Sinn der Höllenvision besteht also nicht darin, dass wir der *bösen Welt* mit der Hölle drohen sollen, sondern wie Maria selber sagt: »Um sie zu retten.«

Schwester Lucia schreibt in ihren Erinnerungen weiter:

Erschrocken und wie um Hilfe bittend erhoben wir den Blick zu unserer Lieben Frau, die voll Güte und Traurig-

⁴¹ Joseph Ratzinger, Eschatologie – Tod und Ewiges Leben, in: Johann Auer: Kleine Katholische Dogmatik, 6. Auflage, Regensburg 1990, S. 169.

keit sprach: »Ihr habt die Hölle gesehen, wohin die Seelen der armen Sünder kommen. Um sie zu retten, will Gott die Andacht zu meinem Unbefleckten Herzen in der Welt begründen.« [42]

Für mich ist der Hinweis von Schwester Lucia, dass die Gottesmutter voller Güte und Traurigkeit zu den Kindern sprach, sehr entscheidend für die Interpretation der Höllenvision. In der Heiligen Schrift heißt es, dass im Himmel mehr Freude ist über einen Sünder der umkehrt, als über 99 Gerechte, die der Umkehr nicht bedürfen (Lk 15,7). Daraus kann man folgern, dass es im Himmel auch die Trauer gibt, wenn Menschen verloren gehen. Hier stehen wir vor dem großen Geheimnis der Liebe Gottes zu uns Menschen und der Freiheit, die er uns gewährt. Wir berühren hier eine Dimension unseres Glaubens, die meiner Ansicht nach die Vorstellungskraft unseres Verstandes übersteigt. Theologie wird hier zur Mystik, zur Kontemplation der Liebe Gottes, die wir mit dem Verstand nicht mehr erfassen können. Gott hat den Menschen aus Liebe erschaffen und er will nichts anderes, als das er von ihm wieder geliebt werde. Aber er lässt ihm auch die Freiheit, ihn durch die Sünde zu verletzten. Die Sünde ist für Gott nicht nur die Übertretung eines Gebotes, sondern sie trifft sein Herz. Auf diesen Zusammenhang weist schon die Erscheinung des Engels hin, in der er den Kindern den Kelch und die Hostie reicht und sagt: »*Empfangt den Leib und trinkt das Blut Jesu Christi, der durch die undankbaren*

---

[42] Schwester Lucia spricht über Fatima, S. 190.

Menschen so furchtbar beleidigt wird. Sühnt ihre Sünden, tröstet euren Gott.«[43]

Wir Christen stehen in der Spannung zwischen dem universalen Heilswillen Gottes und der Möglichkeit des Menschen, das Heil abzulehnen. Aber gerade in Fatima erinnert uns die Gottesmutter daran, dass uns das Schicksal unserer Mitmenschen nicht gleichgültig sein darf, sondern dass wir für ihr Heil verantwortlich sind. Wenn die Menschen die Botschaft der Kirche nicht mehr hören wollen, so bleibt uns die Möglichkeit, durch Gebet und Opfer uns mit dem Kreuzesopfer Christi zu vereinigen und so zum Heil der Welt beizutragen.

Die Gottesmutter gab uns in Fatima ein Zeichen, durch das wir immer wieder darin erinnert werden können:

»Wenn ihr den Rosenkranz betet, dann sagt nach jedem Gesetz: O mein Jesus, verzeihe uns unsere Sünden, bewahre uns vor dem Feuer der Hölle, führe alle Seelen in den Himmel, besonders jene, die Deiner Barmherzigkeit am meisten bedürfen.«[44]

Wir beten hier also nicht allein für unser persönliches Heil, sondern nehmen in unser Gebet die ganze erlösungsbedürftige Welt mit hinein.

[43] Schwester Lucia spricht über Fatima, S. 181.
[44] Schwester Lucia spricht über Fatima, S. 190.

Die Vision der Hölle ist der Teil der Botschaft von Fatima, der am schwierigsten zu verstehen ist. Sie soll uns nicht mit Angst erfüllen, sondern ihr Ziel ist die Rettung der Sünder. Die Gottesmutter sagt zu den Kindern:

»Ihr habt die Hölle gesehen, wohin die Seelen der armen Sünder kommen. Um sie zu retten, will Gott die Andacht zu meinem Unbefleckten Herzen in der Welt begründen.«[45]

Welche Bedeutung hat die Andacht zum Unbefleckten Herzen Mariens in dieser Welt? Schwester Lucia beschreibt diese in sehr einfacher Weise:

Warum bittet unsere Herrin zur Rettung der armen Sünder, um die Verehrung ihres Unbefleckten Herzens? Sie gibt uns zur Antwort, weil Gott es will. Um sie zu retten, möchte Gott die Verehrung meines Unbefleckten Herzens einführen. Ja, Gott möchte sich ihrer bedienen als Mutter des Gottesvolkes, als Pforte des Heils, als Pforte des Himmels, als Zuflucht der Sünder, die zu ihr fliehen.[46]

Diese Beschreibung Schwester Lucias führt uns noch einmal zur Stunde der Verkündigung der Geburt unseres Herrn. Hier wird Maria von Gott erwählt, seine Pforte des Himmels zu werden, durch die der Sohn Gottes in diese Welt kommt, um uns Menschen zu erlösen. Die Gottesmutter selber beschreibt die Bedeutung ihres Unbefleckten

---

[45] Schwester Lucia spricht über Fatima, S.190.
[46] Schwester Lucia, Wie sehe ich die Botschaft, S. 49–50.

Herzens in der Erscheinung am 13. Mai 1917. Sie sagt zu den Kindern, dass sie Jacinta und Francisco bald in den Himmel holen werde, Lucia aber noch in dieser Welt bleiben solle. Als Lucia traurig fragt, ob sie allein bleibe, antwortete ihr Maria:

»Niemals werde ich dich verlassen, mein Unbeflecktes Herz wird deine Zuflucht sein und der Weg, der dich zu Gott führen wird.« [47]

Die Verehrung des Herzens Mariens hat somit Wegcharakter. Sie will uns zu Gott führen, und Jesus Christus ist der einzige Weg zu Gott. Im Johannesevangelium sagt er: »Niemand kommt zum Vater außer durch mich« (Joh 14,6). Im Gleichnis vom verlorenen Sohn (Lk 15, 11–32) zeigt uns Jesus, dass die ganze Menschheit sich wie der Sohn im Evangelium vom Vater getrennt hat. Der verlorene Sohn findet aber nicht sein Glück, sondern endet als Schweinehirt. Daraus ergibt sich das Bild für den Menschen, den er sich, fern vom Vater, in Schuld und Sünde verstrickt hat. In Jesus Christus hat die Sehnsucht Gottes Gestalt angenommen. Er hat sich aufgemacht, den verlorenen Sohn zu suchen und in seine Gemeinschaft zurückzuführen.

In dem Heilswerk Gottes, der Erlösung der Menschheit, hat die Gottesmutter, als Mutter von Jesus Christus, eine einmalige Aufgabe. Das Zweite Vatikanische Konzil sagt: »Die selige Jungfrau ist aber durch das Geschenk und die Aufgabe der göttlichen Mutterschaft, durch die sie mit ihrem Sohn und Erlöser vereint ist, und durch ihre einzigartigen

---

[47] Schwester Lucia spricht über Fatima, S. 188.

Gnaden und Gaben auch mit der Kirche auf das innigste verbunden. Die Gottesmutter ist, wie schon der heilige Ambrosius lehrte, der Typus der Kirche unter der Rücksicht des Glaubens, der Liebe und der vollkommenen Einheit mit Christus.«[48] Diese innige Verbundenheit mit Christus weist vor allem auf die Einheit ihrer Herzen hin. Die Verehrung des Unbefleckten Herzens Mariens steht in enger Beziehung zur Herz-Jesu-Verehrung und kann auch nur in diesem Zusammenhang richtig gedeutet werden. Das Wort *Herz* gehört zu den Urworten der Menschheit. Es bezeichnet gerade im biblischen Sprachgebrauch nicht allein das Organ, das wichtig ist für die Durchblutung des menschlichen Körpers, sondern es hat zudem eine symbolische Bedeutung. Es übersteigt die rein natürliche Wirklichkeit im Menschen und wird zu einem Zeichen seiner körperlichen und seelischen Einheit – also seiner Fähigkeit zu lieben. Wenn wir von einem Menschen sagen, er ist mit ganzem Herzen bei einer Sache, dann können wir auch sagen, er ist mit Liebe dabei.

Im Herzen Jesu Christi, eines geschichtlich greifbaren Menschen, wird Gottes Liebe zu uns erfahrbar. Die Gottesmutter ist die erste, die den Herzschlag Jesu in ihrem Mutterschoß spürt. Als erste macht sie die Erfahrung, dass der Weg Gottes zu uns Menschen der Weg der Selbsterniedrigung und der Demut ist. In der Stunde der Verkündigung stimmt die Gottesmutter mit ganzem Herzen diesem Heilsplan Gottes zu. Das Herz der Gottesmuter gehört ganz ihrem Sohn und seinem Auftrag, sein Leben zum

[48] Vat II, LG 63.

Heil der Menschen hinzugeben. Als de-mütige Magd war sie ganz offen für Gottes Wirken in ihrem Leben. Diese Haltung der Gottesmutter ist ein Geschenk der Gnade. Das Zweite Vatikanische Konzil sagt: »Während aber die Kirche in der seligen Jungfrau schon zur Vollkommenheit gelangt ist, in der sie ohne Makel und Runzel ist, bemühen sich die Christgläubigen noch, die Sünde zu besiegen und in der Heiligkeit zu wachsen. Daher richten sie ihre Augen auf Maria, die der ganzen Gemeinschaft der Auserwählten als Urbild der Tugend voran-leuchtet. Indem die Kirche über Maria in frommer Erwägung nachdenkt, und sie im Licht des Mensch-gewordenen Wortes betrachtet, dringt sie vereh-rend in das erhabene Geheimnis der Menschwer-dung immer tiefer ein und wird ihrem Bräutigam mehr und mehr gleich gestaltet.«[49] Das Konzil hat hier eine genaue Beschreibung von dem gegeben, was die Verehrung des Unbefleckten Herzen Ma-riens beinhaltet: Sie soll uns zur Gleichgestaltung mit Christus führen. Die Gnade der Christusge-meinschaft wurde uns in der Taufe geschenkt. Bei der Überreichung des Taufkleides an den Täufling sagt der Priester die Worte des Heiligen Paulus: Du hast Christus angezogen. In unserem ganzen Leben müssen wir uns darum bemühen, als Kinder Gottes zu leben. In diesem Zusammenhang gehört die Wei-he an das Unbefleckte Herz Mariens. In ihr nehmen wir Zuflucht zu Maria und bitten sie um Hilfe, dass auch wir, durch das Wirken der Gnade Gottes, jene demütige Haltung erhalten, in der wir uns ganz

---

[49] Vat II, LG 65.

Gott übergeben und er die Möglichkeit hat, unser eigenes Herz zu verwandeln. Es geht darum, dass unser Herz dem Herzen Jesu gleich gestaltet wird, dass bedeutet, was wir lernen die Menschen zu lieben, wie er sie geliebt hat.

Die Herz-Jesu-Frömmigkeit wurde in der Neuzeit vor allen Dingen durch die Herz-Jesu-Visionen der Schwester Margareta-Maria Alacoque im 17. Jahrhundert, im Kloster der Heimsuchung in Paray-le-Monial in Frankreich, gefördert. Papst Johannes Paul II. schrieb 1990 in einem Brief an Msg. Seguy, Bischof von Autun: »Anlässlich meiner Wallfahrt 1986 zum Grab vom Margareta-Maria habe ich gebeten, man möge, dem Geist dessen treu, was sie der Kirche übermittelt hatte, dem heiligsten Herzen Jesu Verehrung erweisen. Denn am Herzen Christi lernt das Herz des Menschen den wahren und einzigen Sinn seines Lebens und seines Dasein kennen; am Herzen Christi empfängt das Herz des Menschen die Fähigkeit zu lieben.«[50] Zu dieser Liebe sind wir Menschen nicht aus eigener Kraft fähig, denn unser Herz ist gespalten. Wir neigen im gleichen Maß zum Guten wie auch zur Sünde. Selbst unsere guten Taten sind oft noch geprägt von Eitelkeit und Egoismus. Die Wurzel alles Bösen im Menschen liegt im Stolz, in der Selbstüberhebung. Im Kampf gegen diesen Stolz können wir uns in der Weihe an das Unbefleckte Herz Mariens ganz ihr hingeben und auf ihre Fürbitte vertrauen, sodass wir den Geist wahrer Demut erlangen. Gottes Weg zu uns Men-

---

[50] Zitiert nach: Entdecken. Das Herz Jesu mit Margareta-Maria in Paray-le-Monial, Paris 1989.

schen ist, wie wir schon betrachtet haben, der Weg der Demut. Darum kann auch unser Weg zu Gott nur die Demut sein. Konkret erfahren wir die Demut Gottes in der Feier der Heiligen Messe. Im Zusammenhang mit der Eucharistiefeier spricht der Heilige Franziskus von der Demut Gottes. Er schreibt: »O demütige Erhabenheit, dass der Herr des Alls, Gott und Gottes Sohn sich so erniedrigt, dass er sich zu unserem Heil unter der anspruchslosen Gestalt des Brotes verbirgt! Seht, Brüder, die Demut Gottes und ›schüttet vor Ihm eure Herzen aus‹ (Ps 61, 9)! Demütigt auch ihr euch, damit ihr von Ihm erhöht werdet! Behaltet darum nichts von euch für euch zurück, damit euch ganz aufnehme, der sich euch ganz hingibt!«[51]

Nicht nur die Gaben von Brot und Wein werden in der Eucharistie verwandelt, sondern auch wir selber werden durch die heilige Kommunion zu Gliedern am Leibe Jesu Christi. In der Vereinigung mit dem Opfer Christi werden wir selber zur Opfergabe für die Welt werden. Die Verehrung des Unbefleckten Herzens Mariens führt uns zum eigentlichen Ziel der Botschaft von Fatima, das ich als Überschrift des Buches gewählt habe: *Erschaffe mir, Gott, ein reines Herz*. Das bedeutet, dass unser Herz verwandelt werden soll.

---

[51] Heiliger Franziskus von Assisi: Brief an alle Brüder, zitiert nach: Leonhard Lehmann (Hg.), Das Erbe eines Armen. Franziskus-Schriften, Kevelaer 2003, S. 150.

Der Heilige Paulus betont im ersten Korintherbrief, dass all unser Tun sinnlos ist ohne die Liebe (1 Kor 13). Für die Priester hat der heilige Pfarrer von Ars dies auf eine sehr einfache Formel gebracht, indem er sagte: »Das Priestertum ist die Liebe des Herzens Jesu.« Und in einem persönlichen Gespräch mit Kardinal Ratzinger sagte Schwester Lucia, ihr werde immer mehr deutlich, dass das Ziel der ganzen Erscheinungen gewesen sei, mehr in Glaube, Hoffnung und Liebe einzuüben – alles andere sei nur Hinführung dazu.[52]

Es geht um die drei göttlichen Tugenden, von denen der Heilige Paulus spricht: »Für jetzt bleiben Glaube, Hoffnung, Liebe, diese drei; doch am größten unter ihnen ist die Liebe« (1 Kor 13,13).

[52] Kardinal Ratzinger: Die Botschaft von Fatima, a.a.O., S. 41.

Das Apostolat der Seherkinder

Jacintas Liebe zu den Sündern

Während einer Pilgerfahrt in Fatima lernte ich Ana und Nuno kennen, zwei junge Portugiesen, die in Fatima geboren sind. Sie haben ihr ganzes Leben in den Dienst der Botschaft von Fatima gestellt und arbeiten im internationalen Sekretariat des Fatima Weltapostolates. Anas Großmutter war eine Cousine von Jacinta und Francisco. Nunos Großvater war ein Schulfreund der drei Seherkinder. Ihre Großeltern hatten ihnen viel aus ihrer persönlichen Begegnung mit den Hirtenkindern und dem Leben in dem kleinen Dorf Aljustrel zu Zeiten der Erscheinung erzählt. In einem Vortrag vor unserer Pilgergruppe gaben sie die Erfahrungen ihrer Großeltern so lebendig wieder, dass man das ganze Geschehen um die Erscheinungen sehr lebendig vor Augen hatte. Mir wurde hier noch einmal bewusst, dass die Kinder nicht nur die Botschaft gehört haben, sondern zu ihrem Inhalt gehören. Durch die Erscheinung der Gottesmutter hatten die Kinder ihr Leben geändert und sich, wie es in ihrem Alter möglich war, um ein tiefes religiöses Leben bemüht. Jedes der drei Seherkinder hatte durch die Erscheinung sein eigenes Apostolat gefunden.

Lucia war vor allen Dingen die Botin Unserer Lieben Frau. Sie hat die Erscheinung niedergeschrieben und sich für deren Verbreitung eingesetzt. Den

Aufruf der Gottesmutter zur stellvertretenden Sühne hat sie in ihrem Leben als Ordensschwester verwirklicht. Am 25. März 1948 erhielt sie die Erlaubnis des Heiligen Vaters, von den Dorotheerinnen in den Karmel in Coimbra überzutreten. Über 50 Jahre verbrachte sie dort ein Leben des Gebetes und der stellvertretenden Sühne. Am 13. Februar 2005 ist sie verstorben.

Jacinta war das jüngste der drei Seherkinder. Anas Großmutter berichtete, dass sie von Jacintas Mutter die Kleider der kleinen Seherin zum Tragen erhalten hatte. Ihre Mutter sagte ihr damals: »Da du nun die Kleider von Jacinta trägst, musst du auch so gut sein, wie Jacinta es war.« Hier spürt man, wie glaubwürdig das Leben der drei Hirtenkinder auf die Menschen in ihrem Dorf wirkte. Jacinta war besonders bewegt durch die Vision der Hölle und wollte ihr ganzes Leben zur Sühne für die armen Sünder einsetzen. Schwester Lucia schrieb dazu:

Hochwürdigster Herr Bischof, in den Aufzeichnungen, die ich Ihnen zugesandt habe, nachdem ich das Buch über Jacinta gelesen hatte, erklärte ich Ihnen bereits, wie sehr sie von einigen Dingen im Geheimnis beeindruckt war. Tatsächlich war es so. Die Vision der Hölle hatte Jacinta dermaßen mit Entsetzten erfüllt, daß alle Bußübungen und Abtötungen ihr wie nichts erschienen, wenn sie nur einige Seelen vor der Hölle bewahren konnte. Nun beantworte ich die zweite Frage, die von verschiedenen Seiten an mich herangetragen wurde. Wie kam es, daß Jacinta, die doch noch so klein war, von einem solchen Geist der Abtötung und der Buße beseelt war und ihn verstand? Ich glaube, es war erstens eine besondere Gnade, die Gott ihr durch das Unbefleckte Herz Mariens hatte verleihen wollen; zweitens der Gedanke an die Hölle und das Unglück der Seelen, die dorthinkamen. Manche Leute, darunter auch fromme, wollen Kindern nichts von der Hölle erzählen, um sie nicht zu erschrecken. Gott dagegen zögerte nicht, sie den drei Kindern zu zeigen, von denen eines erst sechs Jahre alt war, und er wußte sehr wohl, daß es dabei vor Entsetzen beinahe sterben würde, wenn ich so sagen darf.[53]

Ende Oktober 1918 erkrankte Jacinta an der Spanischen Grippe, die sich damals über ganz Europa ausbreitete. Das kleine tapfere Mädchen nahm diese Erkrankung im Bewusstsein an, dass sie das alles aufopfern konnte, zur Sühne für die Sünder. Am 1. Juli 1919 wurde Jacinta in das Hospital des Heiligen Augustinus in Villa Nova de Ourem gebracht. Hier blieb sie bis zum 31. August 1919. Ihr gesundheitlicher Zustand verschlimmerte sich immer mehr. Am 21. Januar 1920 wurde sie in ein Krankenhaus nach Lissabon eingeliefert. Keiner ihrer Angehörigen konnte sie begleiten. Die kleine Jacinta nahm all das, selbst ihr einsames Sterben, als letzte Sühne für die Sünder auf sich. Sie verstarb in Lissabon am 20. Februar 1920.

Jacinta vermittelt uns hier eine entscheidende Grundhaltung, von dem der Auftrag der Gottesmutter zur stellvertretenden Sühne geprägt sein muss. Die Gefahr ist groß, dass man zu einer pharisäischen Haltung neigt: Wir, die Gerechten, sühnen für die Sünder. Das lautere Kinderherz Jacin-

---

[53] Schwester Lucia spricht über Fatima, S. 133.

tas war von einer solchen Selbstüberhebung frei. Sie war erfüllt von reiner Liebe und Mitleid mit den Sündern.

Das Leben von Heiligen wird am besten durch Heilige interpretiert. Sehr ausgeprägt kann man die Haltung der kleinen Jacinta im Leben der Heiligen Thérèse von Lisieux wiederfinden. Vor dem Karfreitag 1896 hatte sie in der Nacht vom 2. auf den 3. April Blutspucken festgestellt. In ihrer großen Liebe zu Jesus Christus, ihrem Bräutigam, wurde sie dadurch nicht beängstigt, sondern, wie sie selber schrieb: »Ich war im Innersten überzeugt, dass Jesus mich am Gedächtnistag seines Todes seinen ersten Ruf vernehmen lassen wollte. Es war wie ein süßes und fernes Flüstern, dass mir das Nahen des Bräutigams verkündete.«[54] Aber dann ließ Gott es zu, dass sie in große Finsternis fiel. Sie konnte nicht mehr an das ewige Leben glauben. Die großen Versuchungen der Atheisten drängten sich ihr auf. Sie schrieb, dass die Stimme der Sünder zu ihr sprachen: »Du träumst von Licht, von einer mit lieblichsten Wohlgerüchen durchströmten Heimat, du träumst von dem ewigen Besitz des Schöpfers all dieser Wunderwerke, du wähnst eines Tages den Nebeln, die dich umfangen, zu entrinnen! Nur zu, nur zu, freu dich über den Tod, der dir nicht geben wird, was du erhoffst, sondern eine noch tiefere Nacht, die Nacht des Nichts.«[55] Thérèse, die von Kind an gelernt hatte, dass der

---

[54] Therese vom Kinde Jesu: Selbstbiographische Schriften, Einsiedeln 1958, S. 218.
[55] Therese vom Kinde Jesu, a.a.O., S. 221.

Himmel das eigentliche Ziel des menschlichen Lebens sei, musste nun erfahren, was es bedeuten konnte, nicht an ihn zu glauben. Sie hatte nie verstehen können, dass es Menschen gibt, die nicht an Gott glauben. Nun erfuhr sie in ihrem Leben die gleiche Gottesferne der Atheisten. Gegen diese Versuchungen setzte sie ihre Liebe und ihren Glauben. Sie blieb ihrer Berufung treu, im Herzen der Kirche die Liebe zu sein. Sie solidarisierte sich innerlich mit den Sündern und setzte sich zu ihnen an den Tisch. Sie selbst beschrieb dies wie folgt: »Dein Kind aber, o Herr, hat Dein göttliches Licht erkannt, es bittet Dich um Verzeihung für seine Brüder, es ist bereit, das Brot der Schmerzen zu essen, so lange Du es willst, und es will sich von diesem mit Bitternis beladenen Tisch, an dem die armen Sünder essen, nicht mehr erheben vor dem durch Dich bezeichneten Tag ... Darf es daher nicht auch in seinem Namen, im Namen seiner Brüder sprechen: Erbarme dich unser, Herr, denn wir sind arme Sünder!«[56]

Die kleine heilige Thérèse ist hier zutiefst eins geworden mit Jesus, ihrem Bräutigam. Sie hat seine Haltung eingenommen, die der Heilige Paulus mit den Worten beschreibt: »Er hat den, der keine Sünde kannte, für uns zur Sünde gemacht, damit wir in ihm Gerechtigkeit Gottes würden« (2 Kor 5,21). Jesus hat die Menschen nicht aus einer erhabenen Distanz heraus von ihren Sünden erlöst, sondern aus brüderlicher Solidarität mit ihnen.

---

[56] Therese vom Kinde Jesu, a.a.O., S. 220.

Dies wird anschaulich bei der Taufe im Jordan. Jesus, der ohne Sünde ist, reiht sich in die Schar der Sünder ein und lässt sich von Johannes taufen. In seinem ganzen Leben hat er die Tischgemeinschaft mit den Sündern gesucht. Die frommen Juden bezeichneten ihn verächtlich als »einen Freund der Zöllner und Sünder«. In diesem Zusammenhang gehört auch die Bekehrung des Zöllners Zachäus (Lk 19,1–10). Der von allen verachtete Sünder klettert auf einen Baum, um Jesus zu sehen, als er nach Jericho kommt. Jesus bleibt unter diesem Baum stehen und bittet Zachäus herabzusteigen, weil er bei ihm einkehren möchte. Die vielen anderen Menschen scheinen Jesus nicht zu interessieren. Nur bei diesem einen Sünder lädt er sich selber ein, weil gerade er seiner Barmherzigkeit bedarf. Der Höhepunkt seiner Liebe aber ist der Tod am Kreuz, wo er sich zu den Verbrechern zählen lässt.

Die kleine Jacinta zeigt uns in kindlicher Einfachheit, wie tief sie die Liebe Christi erfasst hat. Sie verdeutlicht uns durch ihr Leben, was wir schon im Zusammenhang mit der Verehrung des Unbefleckten Herzens der Gottesmutter betrachtete haben.

Wir müssen um die Gnade bitten, dass wir die Menschen genau so lieben wie Jesus Christus sie geliebt hat.

Nuno erzählte während eines Vortrags in Fatima, dass sein Großvater ein Spielgefährte der drei Seherkinder gewesen sei. Er habe sich gut an Francisco erinnert und von ihm erzählt: Francisco war ein ganz normaler Junge, wie alle anderen seiner Zeit, der gerne in den Feldern spielte, nach Vogelnestern suchte, auf seiner Flöte musizierte und mit anderen Dorfjungen Streiche aus heckte. Dieser kleine Lausbub von neun Jahren wurde durch die Erscheinung so verwandelt, dass er zu tiefen mystischen Erfahrungen gelangte. In der Predigt zur Seligsprechung von Jacinta und Francisco sagte Papst Johannes Paul II.: »In seinem [Franciscos] Leben bringt er eine Wandlung zuwege, die man als radikal bezeichnen könnte; eine Wandlung, wie sie für Kinder seines Alters sicher nicht alltäglich ist. Er gibt sich einem intensiven geistlichen Leben hin, das sich in eifrigem und inbrünstigem Gebet niederschlägt, so dass er zu einer wahren Form mystischer Vereinigung mit dem Herrn gelangt. Und gerade das bringt ihn zu einer fortschreitenden Läuterung des Geistes durch vielerlei Verzicht auf Angenehmes, selbst unschuldige Kinderspiele.«[57]

Während der letzten Erscheinung am 13. Oktober 1917 waren die letzten Worte der Gottesmutter: »Man soll Gott den Herrn nicht mehr beleidigen, der schon so oft beleidigt worden ist.« Diese Worte der Gottesmutter machte der kleine Francisco zum

---

[57] Predigt von Johannes Paul II., Samstag, 13. Mai 2000.

Inhalt seines Lebens. Schwester Lucia schreibt in ihren Erinnerungen:

Francisco war sehr wortkarg. Um seine Gebete zu verrichten und seine Opfer zu bringen, verbarg er sich gern vor Jacinta und vor mir. Öfters haben wir ihn hinter einer Mauer oder einem Busch überrascht, wo er sich versteckt hielt. Dort betete er kniend oder er dachte nach, weil er meinte: »Unser Herr ist traurig wegen so vieler Sünden.« Wenn ich ihn fragte: »Francisco, warum rufst du nicht mich und Jacinta, daß wir mit dir beten?« – antwortete er: »Ich bete lieber allein, um nachzudenken und Unseren Herrn zu trösten, der so traurig ist!« Eines Tages fragte ich ihn: »Francisco, was tust du lieber: den Heiland trösten oder die Sünder bekehren, damit keine Seele mehr in die Hölle kommt?«

»Ich tröste lieber den Heiland. Hast du nicht gemerkt, wie Unsere Liebe Frau letzten Monat so traurig wurde, als sie sagte, daß die Menschen den Herrgott nicht mehr beleidigen sollen, der schon so sehr beleidigt wurde? Ich möchte den Heiland trösten und dann die Sünder bekehren, damit sie Ihn nicht mehr beleidigen.« [58]

Durch die Erscheinungen hat Francisco hier einen Aspekt unseres Glaubens erfahren, der vielfach in der neueren Theologie wieder hervorgehoben wird: Das Leiden Gottes. Die Philosophie der Antike stellte die Leidensunfähigkeit der Gottheit im Unterschied zum Menschen stark heraus. Dieser Grundsatz ist auch in die christliche Theologie eingeflossen, in ihr Aussagen über Gott.

Die Heilige Schrift spricht viel von den *Gefühlsbewegungen* Gottes. Von seiner Liebe zu den Men-

---

[58] Schwester Lucia spricht über Fatima, S. 167.

schen, seinem Zorn, aber auch von seinem Leiden an der Untreue der Menschen. In der Liturgie vom Karfreitag stimmt die Kirche nach der Kreuzverehrung in diese Klage Gottes ein in den Improperien. Dieser Text wurde nach Vorbildern von Schriften aus dem Alten Testamen gedichtet und beginnt mit den Worten: »Mein Volk, was habe ich dir getan, womit nur habe ich dich betrübt? Antworte mir!«. Im Neuen Testament gibt es eine Stelle, in der das Leiden Gottes sehr anschaulich zum Ausdruck gebracht wird. Im Lukasevangelium heißt es von Jesus: »Als er näher kam und die Stadt sah, weinte er über sie und sagte: Wenn doch auch du an diesem Tag erkannt hättest, was dir Frieden bringt« (Lk 19,41–42). Im Johannesevangelium sagt Jesus zu Philippus: »Wer mich gesehen hat, hat den Vater gesehen« (Joh 14,9). Das gilt auch für den weinenden Jesus, von dem das Lukasevangelium spricht. Im ersten Johannesbrief heißt es: »Gott ist die Liebe« (1 Joh 4,8). Liebe bringt es immer mit sich, dass man auch bereit ist, für den Geliebten zu leiden. Liebe erhöht das Maß der Verletzbarkeit. Ein Mensch, mit dem ich in Liebe verbunden bin, kann mich wirklich verletzen. Diese menschliche Erfahrung kann man auf Gott übertragen. Gott steht zu uns Menschen nicht wie ein Gesetzgeber, der über die Einhaltung der Gesetze wacht, sondern er liebt uns Menschen. Die Sünde trifft Gottes Herz. Das Leiden des Menschen kommt von außen auf ihn zu. Es hängt zusammen mit seinem Leben in dieser Welt, das durch die Erbsünde gebrochen ist. Im inneren Leben der Dreifaltigkeit kennt Gott in diesem Sinne kein Leid, er ist vollkommene Liebe. Die Leidensfähigkeit Gottes ist seine freie Entscheidung, für die er sich bei der Erschaffung des Menschen öffnet. Gott hat den Menschen aus freier Liebe heraus geschaffen, nicht weil er ihn braucht. Er erwartet von ihm nichts anders, als dass er seine Liebe beantwortet. Liebe setzt Freiheit voraus, darum gab Gott dem Menschen einen freien Willen. Durch diesen hat der Mensch die Möglichkeit, dass er sich gegen Gott entscheiden kann und ihn – im übertragen Sinne – durch die Sünde beleidigen kann.

In diesem Zusammenhang stehen auch die mystischen Erfahrungen der Heiligen Margareta-Maria Alacoque, auf die schon hingewiesen wurde. In mehreren großen Visionen ist dieser Heiligen Christus erschienen und hat ihr sein Herz gezeigt. Man kann die Botschaft zusammenfassen mit den Worten, die Jesus zu Margareta-Maria gesagt hat: »Sieh hier das Herz, dass die Menschen so sehr geliebt hat, dass es sich nicht schonte, sondern sich völlig hingab und verzehrte, um ihnen seine Liebe zu beweisen. Zum Lohn ernte ich von den meisten nur Undank, durch die Unehrerbietungen und Entweihungen, durch die Kälte und die Missachtung, die sie mir im Sakrament der Liebe (Eucharistie) zufügen. Doch am schmerzlichsten ist es mir, dass die Seelen, die mir geweiht sind, so gegen mich handeln.«[59]

Margareta-Maria erfährt durch diese Erscheinungen ihre Berufung. Sie soll stellvertretend für die anderen Menschen, auch für ihre Mitschwestern,

[59] Zitiert nach: Entdecken. Das Herz Jesu mit Margareta-Maria in Paray-le-Monial, Paris 1989, S. 9.

Gottes unendliche Liebe beantworten, durch ihr Leben als Ordensschwester, besonders aber durch die Verbreitung der Verehrung des Herzen Jesu, die der Herr ihr eigens aufträgt.

Unser Leben als Christen wird heute meistens nach unserem konkreten Einsatz für die Welt beurteilt, was oft zu einem oberflächlichem Aktivismus führen kann. Im Matthäusevangelium stellt ein Gesetzeslehrer Jesus die Frage, was das wichtigste Gebot sei. Jesus antwortet ihm: »Du sollst den Herrn, deinen Gott, lieben mit ganzem Herzen, mit ganzer Seele und mit all deinen Gedanken. Das ist das wichtigste und erste Gebot. Ebenso wichtig ist das zweite: Du sollst deinen Nächsten lieben wie dich selbst« (Mt 22,37–40). Wenn man dies näher betrachtet, dann sind es eigentlich keine zwei Gebote, sondern es ist das eine Gebot der Liebe, das zwei Seiten hat, die eine Gott zugewandt und die andere den Menschen zugewandt. Unsere Fähigkeit zu lieben ist abhängig von unserer Gotteserkenntnis. Im Sprachgebrauch der Bibel ist diese Erkenntnis nicht allein ein Wahrnehmen mit dem Verstand, sondern heißt mit Gott Gemeinschaft haben. Diese Gemeinschaft haben wir, weil Gott den ersten Schritt auf uns Menschen zu gemacht hat. Im ersten Johannesbrief heißt es: »Nicht darin besteht die Liebe, dass wir Gott geliebt haben, sondern dass er uns geliebt und seinen Sohn als Sühne für unsere Sünden gesandt hat« (1 Joh 4,10). Der Sohn ist das Liebste, was der Vater hat. Ihn hat er zur Erlösung von uns Menschen hingegeben.

In einfacher, kindlicher Art hat Francisco durch die Erscheinungen die Liebe Gottes erfahren und intuitiv gespürt, wie sehr Gott durch die Sünde der Menschen verletzt wird. Er ist zum Botschafter einer Haltung der Frömmigkeit geworden, die gerade für unsere Zeit sehr wichtig ist.

Ich selbst habe einmal in meiner Pfarrkirche gebetet und darüber nachgedacht, wie das religiöse Leben in meinen Pfarreien immer mehr zurückgeht. Mir kam der Gedanke, dass vielen Menschen in meinen Gemeinden Gott gleichgültig zu sein scheint und sie ihn nicht lieben. Da stieg in mir die Frage auf: Musst du dann nicht stellvertretend für diese Menschen Gott umso mehr lieben und als Priester ein Leben führen, in dem Er den ersten Platz einnimmt? In diesem Zusammenhang gehört auch die Ehelosigkeit des Priesters. Sie ist nicht in erster Linie ein Kirchengesetz, das diese ihren Priestern auferlegt, sondern eine Antwort auf die Liebe Gottes zu einem Menschen, von dem er möchte, dass er für ihn allein lebt.

Wenn der kleine Francisco nicht so früh gestorben wäre, dann hätte man sich ihn gut vorstellen können als Mönch in einem kontemplativen Kloster bei den Kartäusern oder den Trappisten.

Die Vorrangigkeit der Liebe zu Gott ist die erste Aufgabe aller Christen. Ich möchte es ganz einfach ausdrücken: In unserer Zeit ist es für uns Christen wichtig, ein Leben zu führen, an dem Gott Freude haben kann. Dies kann nur gelingen, wenn Gott den ersten Platz in unserem Leben einnimmt. So wird das Leben von uns Christen zum Zeugnis der Gegenwart Gottes in dieser Welt.

Die Kirche ist nicht allein der Ort, in dem die Liebe Gottes zu den Menschen mit Worten verkündet wird, sondern in ihr soll Gottes Liebe zu den Menschen greifbar werden.

Francisco liebte es besonders, vor dem Tabernakel, wie er sagte, den verborgenen Jesus anzubeten. Im Dezember 1918 erkrankte Francisco an der Spanischen Grippe. Mit viel Geduld ertrug er dieses Leiden. Für alle, die ihn besuchten, war die Frömmigkeit, mit der er die Krankheit annahm, eine Erbauung. Im April 1919 durfte er zum ersten Mal den verborgenen Jesus in der heiligen Kommunion empfangen.

Am Tag vor seinem Tod besuchte ihn Lucia noch einmal. Sie sagte zu ihm:

*»Francisco, auf Wiedersehen! Wenn du diese Nacht in den Himmel kommst, vergiß mich dort nicht, hörst du?«
Er antwortete: »Ich werde dich nicht vergessen. Sei beruhigt!« Und er ergriff meine rechte Hand, drückte sie eine Zeitlang kräftig und schaute mich mit Tränen in den Augen an.*[60]

Am nächsten Tag, dem 4. April 1919, verstarb Francisco.

---

[60] Schwester Lucia spricht über Fatima, S. 177.

Am Ende wird mein Unbeflecktes Herz triumphieren

Am 13. Mai 2000 sprach der Heilige Vater Papst Johannes Paul II. in Fatima die Hirtenkinder Jacinta und Francisco selig. Diese Feier nahm er zum Anlass, durch Kardinal Staatssekretär Sodano die Veröffentlichung des dritten Teils des Geheimnisses von Fatima, das die Gottesmutter am 13. Juli 1917 den Kindern offenbart hatte, anzukünden. Dieser Teil war erst 1944 von Schwester Lucia niedergeschrieben und dem Bischof von Leiria übergeben worden. 1959 wurde es Papst Johannes XXIII. gebracht, der es aber nicht veröffentlichen ließ. So lag dieses Dokument versiegelt bis zum Jahr 2000 in den vatikanischen Archiven.

Dieser dritte Teil hat Ähnlichkeit mit den großen Visionen aus der Offenbarung des Johannes.

Kardinal Sodano beschreibt den Inhalt folgendermaßen: »Die Vision von Fatima betrifft besonders den Kampf der atheistischen Systeme gegen die Kirche und die Christen und beschreibt das schreckliche Leiden der Glaubenszeugen des letzten Jahrhunderts, des zweiten Jahrtausends. Es handelt sich um einen endlosen Kreuzweg, der von den Päpsten des zwanzigsten Jahrhunderts angeführt wird.[61] Schwester Lucia beschrieb, was sie unter anderem in dieser Vision gesehen hatten:

---

[61] Kongregation für die Glaubenslehre: Die Botschaft von Fatima, 13. Mai 2000, S. 31.

*Ein in weiß gekleideter Bischof, wir hatten die Ahnung,
dass es der Heilige Vater war, verschiedene andere
Bischöfe, Priester, Ordensmänner und Ordensfrauen
einen steilen Berg hinauf stiegen, auf dessen Gipfel sich
ein großes Kreuz befand, aus rohen Stämmen wie aus
Korkeiche mit Rinde. Bevor er dort ankam, ging der
Heilige Vater durch eine große Stadt, die halb zerstört
war, und halb zitternd mit wankendem Schritt, von
Schmerz und Sorge gedrückt, betete er für die Seelen der
Leichen, denen er auf seinem Weg begegnete. Am Berg
angekommen, kniete er zu Füßen des großen Kreuzes nieder. Da wurde er von einer Gruppe von Soldaten getötet,
die mit Feuerwaffen und Pfeilen auf ihn schossen.
Genauso starben nach und nach die Bischöfe, Priester,
Ordensleute und verschiedene weltliche Personen, Män-
ner und Frauen unterschiedlicher Klassen und Positio-
nen. Unter den beiden Armen des Kreuzes waren zwei
Engel, ein jeder hatte eine Gießkanne aus Kristall in der
Hand. Darin sammelten sie das Blut der Martyrer auf
und tränkten damit die Seelen, die sich Gott näherten.*[62]

Auf diesem Kreuzweg der Kirche erscheint im
Ersten Weltkrieg die Gottesmutter in Fatima als
Zeichen der Hoffnung. Sie ruft uns zum Gebet, zur
Umkehr und zum Gehorsam gegenüber Gott auf.
Nach den großen Visionen des Geheimnisses von
Fatima mit seinen drei Teilen sagt Maria: *»Am Ende
aber wird mein Unbeflecktes Herz triumphieren.«*[63]

Was bedeutet das? Zunächst muss man festhalten,
dass das Unbefleckte Herz der Gottesmutter schon

---

[62] Kongregation für die Glaubenslehre: Die Botschaft von Fatima,
S. 32.
[63] Schwester Lucia spricht über Fatima, S. 190.

triumphierte, als Jesus Christus durch seinen Tod am Kreuz und seine Auferstehung die Macht des Bösen und des Todes in der Welt endgültig besiegt hatte. Zu diesem Heilswerk Gottes in Jesus Christus hat die Gottesmutter in der Stunde der Verkündigung ja gesagt und war in einmaliger Weise an der Erlösung der Menschheit mit ganzem Herzen beteiligt. Der Sieg ihres Sohnes am Kreuz war zugleich der Triumph ihres Unbefleckten Herzens.

In unserem Leben fällt uns der Glaube an den Sieg Christi oft schwer. Die Welt ist voller Unrecht und Gewalt, oft hat man das Gefühl, dass das Böse mächtiger ist als das Gute. Gerade in dieser Erfahrung lenkt die Gottesmutter unseren Blick auf das Kreuz. Sie ermutigt uns dazu, an den Sieg ihres Sohnes zu glauben. Maria hat selber unter dem Kreuz gestanden und den Tod ihres Sohnes erlebt. Keines der Evangelien berichtet davon, dass der auferstandene Herr seiner Mutter erschienen ist. Für Maria war dies nicht nötig. Ihr Vertrauen in Gottes Allmacht war so groß, dass ihr Glaube an die Auferstehung ihres Sohnes schon unter dem Kreuz begann, als er mit den Worten »Es ist vollbracht!« (Joh 19,30) sein Haupt neigte und seinen Geist aushauchte. Sie teilte das Vertrauen ihres Sohnes, der in der Stunde des Todes sein Leben ganz in die Hände des Vaters legte. Papst Johannes Paul II. hat selber ein Zeugnis solchen Vertrauens abgelegt. Am 13. Mai 1981 wurde auf ihn während der Generalaudienz auf dem Petersplatz ein Attentat verübt. Als er im Krankenhaus auf dem Wege der Besserung war, schrieb er seine Rettung der Hilfe der Gottesmutter zu. Es sei eine mütterliche Hand gewesen, die die Flugbahn der Kugel leitete und es dem Papst, der mit dem Tode rang, erlaubte, an der Schwelle des Todes stehen zu bleiben.[64]

Er ließ sich damals alle Unterlagen über Fatima ins Krankenhaus bringen und bezog das Bild vom erschossenen Bischof in weißen Kleidern auf sich. Seine Genesung ist ein Zeichen dafür, dass wir nicht einfach den Mächten der Welt, der Finsternis, ausgeliefert sind, sondern dass Gott alles Böse in unserem Leben zum Guten wenden kann.

Am 12. Mai 1982 pilgerte der Heilige Vater nach Fatima, um für seine Genesung zu danken und die Welt dem Unbefleckten Herzen Mariens zu weihen. 1983 rief Papst Johannes Paul II. ein besonderes Heiliges Jahr der Erlösung aus. Er kündigte an, dass er zum Ende des Heiligen Jahres, am 25. März 1984, die Welt erneut dem Unbefleckten Herzen weihen wolle. Alle Bischöfe der Welt rief er auf, während dieser Weihe sich innerlich mit ihm zu verbinden und den Weiheakt gemeinsam mit ihm zu vollziehen. Der Papst ließ damals die Statue der Gnadenmutter von Fatima nach Rom kommen. Vor dieser weihte er auf dem Petersplatz feierlich die Welt dem Unbefleckten Herzen der Gottesmutter.

Nach der Weihe wurde Schwester Luica gefragt, ob diese Weihe nun im Sinn der Erscheinungen sei. Schwester Lucia bestätigte dies. Auf die Frage, woran man dies erkennen könne, sagte sie: »Blickt nach Osten.« 1985 wurde Michail Gorbatschow neuer Generalsekretär der kommunistischen Partei

---

[64] Vgl. Kongregation für die Glaubenslehre: Die Botschaft von Fatima, S. 43.

in der Sowjetunion. Mit ihm begannen die Glasnost und Perestroika, die zum Zusammenbruch der kommunistischen Systeme in den Ländern des Ostblockes führte. Am dritten Oktober 1990 wurden Ost- und Westdeutschland wieder ein gemeinsamer Staat. Im gesamten Ostblock konnten sich die christlichen Kirchen nach jahrzehntelanger Unterdrückung wieder frei entfalten.

Der Heilige Vater Papst Johannes Paul II., der selber aus Polen stammte, einem Land hinter dem eisernen Vorhang, hat an dieser Entwicklung einen entscheidenden Anteil gehabt. Es gibt von Gott her gesehen keinen Zufall. Das Blut der Märtyrer, der Aufruf zum Gebet und die vielen Menschen, die sich in der Weihe an das Unbefleckte Herz Mariens aufgeopfert haben, sind fruchtbar geworden.

Fatima ist eine Botschaft der Hoffnung. Wir sind dem Bösen in der Welt nicht einfach ausgeliefert, sondern es gibt immer wieder den Sieg Jesu Christi und damit den Sieg des Unbefleckten Herzens Mariens. Fatima zeigt uns, dass die Gottesmutter die sehnsuchtsvolle Bitte der Menschen erfüllt:

»Nach diesem Elend zeige uns Jesus, die gebenedeite Frucht Deines Leibes«.

Dieses Vertrauen sollen wir Christen in der heutigen Welt durch unser Leben bezeugen. Endgültig wird das Unbefleckte Herz der Gottesmutter triumphieren, wenn Christus wiederkommt und das Reich Gottes endgültig aufrichten wird.

Herbert Schneider OFM

Die Frau im Glanz der Sonne

Das Gnadenbild von Neviges

In dieser Reihe erschienen:

Die Frau im Glanz der Sonne

Neviges – zwischen Wuppertal und Essen gelegen – ist der älteste Wallfahrtsort nördlich der Alpen zur Unbefleckten Empfängnis Marias. Seit 325 Jahren pilgern die Gläubigen bereits zu dem Gnadenbild, das mit dem Satz des Hohenlieds überschrieben ist: »Du bist ganz schön meine Freundin, und ist in dir kein Flecken.« Wallfahrtsleiter Pater Herbert Schneider OFM erläutert das Gnadenbild, seine Geschichte und die Bedeutung Marias in und für die Kirche. Die theologische Dimension und die biblischen Wurzeln finden in dieser Schrift genauso Platz wie die meditative Betrachtung des Bildes.

60 Seiten, 10,5 x 17,5 cm, Taschenbuch
ISBN 978-3-7902-2157-2, 5,00 Euro

Paulinus Verlag GmbH | Maximinerach 11c | 54295 Trier
Fon 06 51 / 46 08 -121 | Fax -220
buchversand@paulinus.de | www.paulinus.de

Madeleine Delbrêl/Annette Schleinzer (Hrsg.)

Gott bezeugen in unserer Zeit

Madeleine Delbrêl (1904–1964) gilt als »Pionierin des
Glaubens in einer säkularisierten Welt«, als »Mystikerin
der Straße« oder als prophetische Gestalt der Nachkon-
zilszeit. Viele Menschen erfahren sie als inspirierende
Begleiterin in zentralen Fragen, die die Zukunft von
Glaube und Kirche betreffen. In Frankreich und Deutsch-
land werden ihre Texte zu Rate gezogen, wenn es darum geht, eine missionarische Pastoral zu entwickeln
und die christliche Identität neu zu buchstabieren.
Die Texte spiegeln Themen wider, die Madeleine Delbrêl
selbst am Herzen lagen. Sie lassen das Portrait einer
faszinierenden Frau aufscheinen, der es gelungen ist,
mitten im 20. Jahrhundert Gott zu bezeugen.

96 Seiten, 10,5 x 17,5 cm, Taschenbuch
ISBN 978-3-7902-2103-9, 5,00 Euro

Paulinus Verlag GmbH | Maximineracht 11c | 54295 Trier
Telefon 06 51 / 46 08-121 | Telefax -220
buchversand@paulinus.de | www.paulinus.de